知识产权是企业市场竞争的利器
以知识产权为主体的无形资产
是创造社会财富的核心资源

企业知识产权评估方法与实践

刘璘琳◎著

中国经济出版社
CHINA ECONOMIC PUBLISHING HOUSE
北京

图书在版编目（CIP）数据

企业知识产权评估方法与实践/刘璘琳著.
—北京：中国经济出版社，2018.9
ISBN 978－7－5136－5330－5
Ⅰ.①企… Ⅱ.①刘… Ⅲ.①企业—知识产权—评估方法 Ⅳ.①D913.04
中国版本图书馆CIP数据核字（2018）第197740号

责任编辑 葛 晶
责任印制 马小宾
封面设计 久品轩

出版发行 中国经济出版社
印 刷 者 北京力信诚印刷有限公司
经 销 者 各地新华书店
开　　本 710mm×1000mm 1/16
印　　张 11.25
字　　数 156千字
版　　次 2018年9月第1版
印　　次 2018年9月第1次
定　　价 48.00元
广告经营许可证 京西工商广字第8179号

中国经济出版社 **网址** www.economyph.com **社址** 北京市西城区百万庄北街3号 **邮编** 100037
本版图书如存在印装质量问题，请与本社发行中心联系调换（联系电话：010－68330607）

前 言

随着互联网技术的发展，知识正以前所未有的速度、深度和广度被创造、传播和更迭。知识在人们经济生活中起着无可替代的作用，知识经济时代已经来临，同时，它也成为各种经济问题的普遍背景。对企业而言，其运用知识的创富能力成为新一代核心竞争力，知识产权已跃居为企业核心资产，这正是知识产权价值的本质。

知识产权评估，是在特定情境下对知识产权这类特殊无形资产价值的认知过程。传统评估方法，源于实物资产的市场实践。基于无形资产的特有属性，继续使用传统方法评估知识产权必然面临诸多问题，评估价值与知识产权资产内在价值相偏离的情况经常出现。本书旨在结合企业知识产权评估实践，厘清传统方法在评估知识产权中的不足，探讨企业在各种情境下开发知识产权实现其价值的新途径，对知识产权评估的高级方法开展可行性分析，为企业、机构和管理部门开展知识产权评估相关实践提供决策参考。

在实际评估过程中，由于知识产权自身的独特性和缺乏统一评判标准，评估工作不可避免地受到相关方主观意愿的影响。在企业评估需求与机构评估规范之间，存在显著的现实性矛盾。本书在对企业知识产权评估现实需求展开调研的基础上，为当前知识产权评估规范提出了修订建议，以期抛砖引玉，同时做一些有益探索。

目　录

第一部分　知识产权价值评估

第二部分　知识产权评估的基本方法

第三部分　知识产权评估的高级方法

|第一部分|

Intellectual Property

知识产权价值评估

1

第一章　知识产权与价值评估

一、知识产权是企业核心资产

知识产权是国家赋予创造者对其智力成果在一定时期内享有的专有权。资产是由企业拥有或控制的、预期会给企业带来经济利益的资源。在全球知识经济背景下，知识产权成为企业市场竞争中的利器。社会进入以知识为基础的时代，以知识产权为主体的无形资产，构成创造社会财富的核心资源。对企业而言，知识经济引起财产结构发生重大变化。知识产权凭借其非凡的盈利能力，超越固定资产和金融资本等资源的重要性，跃升为企业的核心资产。企业知识产权最常见的表现形式包括专利、商标和著作权三类。

在激烈的竞争中，技术创新成为企业能够立足市场的关键，尤其是科技型企业。技术创新需要投入大量资金，并且有较长开发周期，往往同时面对较高的技术风险和市场风险。但是企业技术创新一旦成功，并据此开发新产品推向市场，便能够轻松实现差异化竞争，快速占领市场，获得丰盈的利润。同时企业及时申请专利权，获得知识产权保护，保证企业得到长久持续的发展。

任何企业的成长都需要一个过程，能够开发出满足市场需求的产品，并且持续努力确保产品品质优良，积累出良好口碑，品牌由此形成。品牌，是企业及其产品在消费者心目中的综合形象。一个品牌能够得到消费者的认可，确立高品质形象，使企业的产品在市场中显著区别于其他同类型产品。随着我国人民开始推动消费升级，消费需求从“拥有”走向“美好”，越来越多的消费者愿意支付更高价格进行品牌消费。持有知名品牌的企业，能够获得更高的产品附加值，很大程度上增加企业盈利。商标是企业品牌的载体，商标制度使得品牌创造的价值能够被持有企业所“独占”，这激励着企业大力打造和维护品牌，成为能够带给企业高额回报的“金字招牌”。

对软件产业和文化产业而言，著作权占据着至关重要的地位。著作权对于软件企业的作用，正如专利对于科技企业的重要性。虽然著作权自作品完成之日起自动取得，登记不是必要条件，但软件确权能够让软件企业利益得到充分保障，并走向海外寻求更广阔的发展空间。推动文化产业的发展，著作权内容的创作、生产、流通和交换构成了文化产业运营的主体，没有著作权支撑和保护的文化产业，很难实现繁荣发展。文化企业要盈利，需要一个公平有序的竞争环境。著作权制度不仅使创新者对其创新成果享有盈利权，还能够对各种侵权行为进行制裁，为创新者保驾护航。

总而言之，无论是技术创新还是商标保护，无论是高科技领域还是创意产业，知识产权已经成为企业核心资产，为企业保持长期竞争优势，获取稳定超额利润，不断提高顾客价值，获得可持续发展，成为企业的核心竞争力。

二、知识产权的概念

知识产权（Intellectual Property）是一个经过长期发展和不断演变而形成的概念。据学者考证，该词最早于 17 世纪中叶由法国学者卡普佐夫提出，后为比利时著名法学家皮卡第所发展，将之定义为“一切来自知识活动的权利”。斯坦福大学法学院 Mark Lemley 教授指出，“知识产权”作为术语被广泛使用，是在 1967 年《成立世界知识产权组织公约》签订之后，该词逐渐为国际社会所普遍使用。1986 年，我国开始在立法中正式使用知识产权一词。

对知识产权这个概念，有多种大同小异的表达形式，主要可以归纳为两种方式。第一种是概括式，即用下定义的方法表达知识产权概念。例如，国内知名学者对知识产权的界定：郑成思先生在其主编的《知识产权法教程》中给出的定义是“知识产权指的是人们可以就其智力创造的成果依法享有的专有权利。”吴汉东主编《知识产权法》中的定义是“知识产权是人们对于自己的智力活动创造的成果和经营管理活动中的标记信誉依法享有的权利。”第二种为列举式，即列举知识产权主要内容的方法表述知识产权的概念。例如，《与贸易有关的知识产权协议》（TRIPs）所指知识产权的范围包括：①版权及其相关权利（邻接权）；②商标权；③地理标记权；④工业品外观设计权；⑤专利权；⑥集成电路布图设计权；⑦未公开的信息专有权；⑧对许可合同中限制竞争行为的控制。

从法学的视角，知识产权是一种权利，是指自然人、法人或其他组织就其在科学技术和文学艺术等领域的智力劳动创造成果和工商业领域的识别性标记与成果在一定的时间和区域内所享有的法定的专有权利。从法学角度，企业知识产权工作内容重在法律授权和权利保护，对应工作目标包括知识产权得到授权，权利范围尽可能广泛，打官司取得胜诉，维护权利获得赔偿等。法学追求的是的“公平、正当、秩序”等价值理念，其研究对象是社会规范，具有普适性、概括性以及稳定性等特点。

与法学视角不同，管理学主要强调“效率、效用、价值”等概念。从管理学视角，知识产权的本质是一种资源，是指一种在现代管理活动中可供支配、使用和增值的资本性资源。作为资源，如何提高配置效率，增加价值创造是普遍目标。为了实现资源配置最优目标，方式可以灵活多样，如在所有权方面，知识产权的价值实现并不以占有为前提条件，可以采用许可、质押、使用权入股等支配方式，选择适合的配置方式所创造的价值，可能远远高于企业独占知识产权自行开发的获益。

在传统的工业经济时代，财富创造依赖大规模生产和销售，资源被积累起来，形成规模效应，不断降低成本和提高利润率。这种经营模式，使得企业必然走向从原材料供应、物流运输、零部件生产……直至最终商品零售的功能全覆盖，成为具有完整供应链的巨型实体。随着规模效应发挥到极致的同时，其应变力差缺乏灵活性的弱点也发展到非常严重的程度。毫无疑问的是，外界环境永远在不知不觉中发生着变化。市场需求犹如善变的美女，在企业随之起舞正欢之际，她却出乎意料地华丽转身，毫无征兆。昔日称王称霸的巨企，要顺利实现转弯换轨着实不易，眼睁睁看着历史的车轮呼啸着扬长而去，不甘被甩出主干道却又无可奈何。相对来说，市场的选择是公正的，不会为任何企业停住前行的脚步。

进入知识经济时代，社会发展的驱动力发生了重大转变，创新求发展已成为普适的真理。创新的复杂性和资源的稀缺性，使企业经营模式逐渐脱离原有的封闭独立状态，向互相需要和互为依存转变。在未来，对企业而言，彼此如何开展合作的挑战，远多于竞争。保持获得资源的能力仍然很重要，然而对资源的利用方式必须改变。资源的价值，不再源自被占有或者被垄断的状态，而是需要尽早地开发和利用，转化为生产力，造福于人民，满足人们追求美好生活的需要，致力于社会发展与进步。知识产权的价值，在于及时找到被利用的机会和途径。在知识经济时代，市场机会稍纵即逝，基于时间的竞争成为必然。企业在某个专业领域拥有知识产权，不代表能在该领域独占一定市场份额，而仅仅意味着持有该领域入场券，只有当企业及时加以利用，与其他企业合作快速进入市场，占得先机，才可能在未来市场中分得杯羹。

在新的时代背景下，企业对知识产权的认知应与时俱进。20 世纪 90 年代，我国最早《公司法》中规定“第二十四条、股东可以用货币出资，也可以用实物、工业产权、非专利技术、土地使用权作价出资。……以工业产权、非专利技术作价出资的金额不得超过有限责任公司注册资本的百分之二十。”对知识产权占企业资产比重最高 20% 的限制，一直持续到 2005 年。随着知识产权在我国经济发展中的重要作用日益凸显，对知识产权占资比例的限制阻碍了企业创新活力，改革成为必须。2005 年修订后的《公司法》中第二十七条规定“股东可以用货币出资，也可以用实物、知识产权、土地使用权等可以用货币估价并可以依法转让的非货币财产作价出资；……全体股东的货币出资金额不得低于有限责任公司注册资本的百分之三十。”自此，包括专利权、专有技术、商标权、著作权等在内的知识产权都可以直接用来投资融资，出资比例最高可以达到 70%。2013 年，《公司法》再次修订，取消了上述 70% 比例的限制，企业注册时可以以实物、知识产权和土地使用权出资，这样放开后就使得知识产权可以 100% 作为注册资本注资，对于促进科技成果产业化具有极大的推动作用。

随着知识产权的内涵不断丰富，企业在知识产权运营方式上不断创新。初期，知识产权运营模式为传统的自实施方式。企业依据自身业务需要，通过自行开发获取知识产权，将知识产权应用于企业具体经营活动之中，通过产品服务创新、生产工艺改进、提高产品质量、降低运营成本、提升市场知名度等途径，发挥知识产权的作用，实现知识产权的价值。这个过程往往涵盖企业从原料供应到生产制造到市场销售的全供应链范围，具有投资大、周期长以及风险高等显著特点。在新时代背景下，资源开放和利益共享成为企业创新的新模式。为了提高知识产权的转化率，加快知识产权价值实现，知识产权经营模式需要推陈出新。企业在知识产权运营方式上做了多方面拓展和尝试，包括转让、许可、质押、入股以及证券化等，这些新方式能够帮助企业充分挖掘知识产权价值，降低经营风险，大幅提升企业知识产权经营绩效。

三、价值评估是知识产权运营基础

当前，知识产权与人们生活之间关系日益密切，已经成为企业经营中的重要组成部分。知识产权价值评估的原因，几乎涉及人们社会生活的所有方面。知识产权评估的需求可能来自以下经营活动：

（1）开发决策。企业取得知识产权后，更重要的问题是企业如何进行开发利用。即使是资金雄厚的企业，也不可能对其所有知识产权进行投资开发，企业自实施的知识产权必然是少数。然而，投资一旦启动，具有不可逆性，企业必须谨慎。因此，企业要解决选择开发哪些知识产权的问题。站在投资的角度，对持有的知识产权进行价值评估，以评估结果为基础，选择价值更高的知识产权作为投资对象，为企业决策提供依据。

（2）交易支持。知识产权较多以独立资产进行交易，包括企业之间的知识产权转让，个人将知识产权出售给企业，大学及研究机构将知识产权卖给企业等情况。所有这些情况，交易双方都必须确定交易价格，从而需要进行价值评估，未定价提供参考。

（3）许可授权。知识产权的所有者授权他人使用知识产权时，需要分析许可的价值。在企业进行许可决策之前，首先是在出售所有权和许可使用权之间进行权衡，其次是在独占许可、排他许可和普通许可等不同许可方式中进行选择，最后是在签订许可协议时确定许可价格。这些决策行为，都需要以评估许可价值作为参照。

（4）质押融资。当知识产权成为企业核心资产时，可以尝试以知识产权作为银行贷款的质押品。银行需要对提供担保的知识产权进行全面评价，给出知识产权在质押状态下的估值，由此确定贷款额度和贷款利率。

（5）企业上市。企业首次公开募股的文件，需要拟上市公司如实披露相关知识产权状况信息。尤其是知识产权在上市企业中处于重要地位时，价值评估相关信息就会成为 IPO 文件内容的一部分。

（6）增资扩股。股东可以用知识产权作价出资以及增资扩股，具有缓解资金不足、降低融资成本、提升企业形象，以及合理避税等特点。作为非货币出资的知识产权应当进行评估，以此为依据确定知识产权入股后所占份额。

（7）会计要求。企业在进行兼并收购过程中，要求在资产负债表中合理列示所购入资产的价值。当知识产权在被收购企业资产中处于重要地位时，这些知识产权成为收购活动的主要标的物，在会计报表中如实反映包括知识产权在内的资产价格，需要对其开展价值评估活动。

（8）破产清算。当前经济背景下，企业破产清算时，知识产权扮演着更加重要的角色。实物资产残值往往远不够弥补债权人的损失，具有强大潜力和增值空间的知识产权成为债权人争相期待的救命稻草。进入破产程序后，法庭上需要提供知识产权的价值评估结论。

（9）诉讼赔偿。无论国际国内，关于知识产权的诉讼都呈现显著上升趋势。知识产权侵权行为，会导致权利人产生各种损失。为了维护权利人利益，需要对权利人进行损失赔偿，损失分析是计算赔偿的基础，知识产权评估是损失分析的关键性内容。

（10）企业间合作。为了彼此的利益，企业往往开展战略合作，共同开发某项知识产权。在合作的过程中，各方能力、努力程度和所付出代价往往不会对等，对所产生的知识产权的贡献不同。为了确定各个合作企业对产出结果的所有权关系，就要评估各个企业在合作中独立贡献的价值。

（11）其他。这包括知识产权作为遗产或者赠与物，所有权人发生改变，需要评定价值，作为所得税计税依据。此外，在所有人离婚诉讼中，财产包括知识产权时，需要对知识产权进行定价以确定分割方案。

企业需要综合考虑知识产权特征属性、企业自身条件和外界环境因素，以最大化实现知识产权价值为目标，灵活运用上述各种知识产权运营方式。综上所述可知，企业各种知识产权运营方式都需要知识产权价值评估提供支持，价值评估是企业知识产权运营的基础。

四、知识产权评估的特征

1. 知识产权是企业的无形资产

知识产权从本质上说是一种无形资产。特定主体所拥有或者控制的，不具有实物形态，能持续发挥作用且能带来经济利益的资源。知识产权的客体是智力成果或是知识产品，是一种无形财产或者一种没有形体的精神财富，是创造性的智力劳动所创造的劳动成果。它与房屋、汽车等有形资产一样，都受到国家法律的保护，都具有价值和使用价值。某些情况下，企业核心专利、驰名商标或畅销作品的价值远远高于厂房设备等有形资产。

无形资产评估不同于实物资产的评估，它有其自身的内在特点和要求。无形资产评估的主要特点包括效益性、共益性和非独立性三个方面。

（1）效益性。无形资产不同于有形资产，没有可见的物化组成部分，其价值构成明显不同于有形资产。无形资产是由复杂的脑力劳动创造的，由于凝结在无形资产内部的劳动量较大，再加上无形资产的产生不能批量生产，而是个别的一次性生产，具有较大的探索性和风险性，成果的出现带有较大的随机性、偶然性和关联性，常常是在经过一系列的失败以后才取得的，而失败的损失代价很难预计和确切量化，从而使无形资产的开发费用缺乏明确的对应性。因此，无形资产的价值不像有形资产那样由凝结在其中的社会必要劳动时间来决定，而是由特定生产者在特定生产中所消耗的实际劳动时间来计量。然而，特定生产者为特定的无形资产所消耗的有效的脑力劳动时间，并不能准确度量。所以，无形资产的价值从其形成过程来归总是不合理的，应该取决于资产在未来能够产生的经济效益。故而采用收益途径，以效益为基础来评估无形资产价值，是无形资产评估中一个十分明显的特点。

（2）共益性。共益性是无形资产区别于有形资产很重要的一个功能特征，就是说同一项无形资产可以为多个主体同时使用。该特征引发评估无形资产时的共益性特点。在不考虑市场容量有限，或者假设市场足够大，或者市场范围相互不影响条件下，无形资产应用范围越广，所创造的价值越高，对社会贡献越大。但是，在进行无形资产评估时，必须立足无形资产权利人的角度来开展分析。无形资产的评估价值，是指对某个具体的权利人来说，无形资产能为其带来利益的评判，并非对整个社会总体而言。因此，在开展无形资产价值评估时，要进行谨慎和详细的分析，判断权利主体以其可能的方式开发该无形资产后，究竟能够从最终成果中分享到多少利益。利用无形资产的共益性，资源开放更容易实现，开放的增益效果更加显著。于是，共益性使得无形资产的价值潜力更加巨大，权利人可能采取的经营方式丰富多样，在这个过程中更多的参与者使得结果不确定性增加，要弄清楚各参与方对价值的贡献率，会变得非常复杂。因此，无形资产的价值评估与共益面之间，不是简单的线性递增关系，理论上存在一个最优水平。

（3）非独立性。无形资产因其无形的特点，人们在对其加以利用创造财富的过程中，终究要通过与实物资产相结合，使其内在价值得以实现。技术成果可能转化为产品新功能或服务新内容，也可能使用在生产工艺中提高效率或降低成本，与商品本身或机器设备相融合。商标必须实际使用于产品或服务，使消费者能够据此识别商品或服务来源。各类作品都有具体的表现形式，论文著作、影视作品、舞台呈现、网络传播等，也都离不开构成复杂的实物系统。这说明，仅仅凭借无形资产自身，很难独立地实现价值创造，无形资产与有形资产相结合构成的整体资产才能真正发挥作用。因此，结合效益性特点，在评估无形资产价值时，往往采用间接途径，首先评估整体资产价值，再分析各类资产在组合中的贡献率，由此得到无形资产的价值。

2. 知识产权的法律性

知识产权的法律特性，源于知识产权资产是依据国家所赋予的法律权利而形成的资产。全球范围内逐渐增强的知识产权法律保护，使知识产权比以往任何时候都更具价值。知识产权的权利人能够依靠法律赋予的权利，投入更多资源开发知识产权，从而创造更高价值，实现更多盈利。

这种法律特性体现在以下几个方面：

（1）权利的稳定性问题。无论是专利、商标还是技术秘密，在权利稳定性方面都存在一定的风险。专利可能被无效，商标可能被撤销，技术秘密可能被破解，每项知识产权在开发过程中，都需要考虑这方面的法律风险。一旦稳定性遭遇挑战，权利被宣告无效，知识产权立即失去作为资产存在的基础，所谓价值再也无从谈起。在苹果与三星的专利诉讼中，最初法院裁定苹果公司应获得10.5亿美元赔偿金，后发现计算失误遭到下调。三星仍表示不服提起上诉，同时发起苹果专利无效诉讼，最终苹果公司“圆角矩形设计”和“滑动解锁”专利均被判定无效。2018年6月，法院再次做出判决，认为三星公司需向苹果赔偿5.33亿美元，双方达成和解。可见，赔偿额从10.5亿美元到5.33亿美元折腰减半，与苹果公司专利被无效关系密切。

（2）权利具有明确限制条件。知识产权普遍具有时间性、地域性等特点，这些特征会直接影响知识产权的价值评估。知识产权的时间性是指其权利具有时限，时限长短由相关法律条款确定且不能变更。知识产权一旦超过法律规定的保护期限，就不能为所有者带来超额经济收益，也就不再具有资产的价值。知识产权的地域性是对权利的空间限制，专利和商标仅在其获得权利的国家或地区受到相应保护。知识产权的地域性限制了知识产权为所有者带来经济利益的地域范围，影响知识产权资产形成的利益规模。

（3）制度环境动态变化。随着我国经济社会发展，知识产权作用日益凸显，涉及知识产权的案件数量迅猛增长。为了进一步强化知识产权的运用和保护，激发社会创造力，不断完善我国知识产权保护体系，创造良好的知识产权法治环境，非常必要。2014 年 8 月 31 日，十二届全国人大常委会第十次会议表决通过了全国人大常委会关于在北京、上海、广州设立知识产权法院的决定。知识产权法院的设立，标志着我国知识产权保护进入新阶段。2018 年 5 月，上海知识产权法院就一起侵害计算机软件著作权纠纷做出一审判决，判令被告上海某电动技术公司立即停止侵害原告达索系统股份有限公司计算机软件著作权的行为，并赔偿原告经济损失及律师费共计 900 万元。该案是上海知识产权法院成立以来，判处赔偿金额最高的一起案例。此外，近年来专利法、商标法和著作权法等重要法律法规都启动了最新修订。目前，专利侵权法定赔偿最高数额为 100 万元，商标侵权法定赔偿额上限 300 万元，著作权侵权法定赔偿额最高为 50 万元。根据我国侵权赔偿执行情况统计可知，法定赔偿过低的现象严重损害了权利人维权质量，急需进行调整。因此，大幅提高知识产权侵权法定赔偿上限，是知识产权相关法律法规修订工作的亮点。法律法规制度是为社会经济生活服务的，制度建设随经济环境动态变化，会影响知识产权的作用发挥，改变知识产权价值实现的约束条件。所以，在进行知识产权价值评估时，必须及时了解相关法律法规制度的最新变化，做出合理的影响评判。

3. 知识产权价值的高不确定性

知识产权作为资产，相比其他资产类别，具有更多和更高的风险。因此，知识产权价值具有很高的不确定性。具体来说，知识产权评估风险包括以下几类：

（1）法律风险。知识产权估值的法律风险，主要来自知识产权自身权利的稳定性。在激烈的市场竞争中，知识产权诉讼已经成为竞争对手之间常用的战略手段。其中，对手提起知识产权无效诉讼，对方一旦胜诉，知识产权即宣告无效，作为资产存在的基础消失，就不再具有所谓价值。因此，知识产权价值评估的首要风险是法律风险。当然，一项知识产权经过诉讼，被判决有效，则知识产权权利稳定性得到确认，法律风险弱化，知识产权资产必然产生增值。

（2）技术风险。技术风险主要针对专利和专有技术两类知识产权。首先，从专利技术到产品上市，仍然有大量技术开发工作，并非所有专利技术都能顺利完成产品化过程，此为技术风险之一。其次，科技发展日新月异，技术领域更新换代速度加快，一项技术在有限期内无法完成产品化，就会失去市场先机，被后续更先进的技术所取代，此为技术风险之二。

（3）市场风险。任何资产具有价值，必然是得到了市场的认可，才能够为所有者带来收益。知识产权亦是如此。专利技术能够转化为产品，进入市场广受欢迎，实现高额销售收入。商标标注的产品品质优秀，形成良好口碑，产生品牌效应。著作权产品，得到读者或观众的喜爱，广为传播，带来丰厚利润。反之亦然，知识产权所附着的产品，不能满足消费者需要，市场之中无人买账。由于知识产权资产形成的周期长且投资大，企业所付出成本高昂，损失必然惨重。因此，知识产权的市场风险更高。

（4）环境风险。知识产权资产能够创造的价值与所在环境密切相关，除了市场环境外，还应考虑经济环境、制度环境以及政策环境。经济环境直接影响到社会资源的配置，在良好的经济环境下，企业技术创新踊跃，居民消费升级推动品牌发展，文化产业繁荣。完善的法规制度，能够为企业积极开发知识产权以享有丰厚回报提供保障。相关产业政策发生改变，会立即影响到相关领域技术开发前景，资源配置随之调整。因此，评估知识产权需要对外在环境情况进行全面分析，对未来环境条件进行合理假设。

总而言之，知识产权资产的开发利用面临着更多风险，因而知识产权价值评估也具有更高的不确定性。知识产权评估是一项颇具挑战性的工作。

第二章　知识产权评估现状

一、知识产权评估业务持续增长

随着知识产权在企业运营中发挥着日益重要的作用，知识产权评估成为企业知识产权管理的重要内容之一。知识产权评估是企业开展知识产权创造、运用和保护的关键基础。进行科学合理的企业知识产权评估，有利于引导企业积极开发自主知识产权，促进知识产权的有效运用，鼓励企业增强创新能力，营造规范有序的良好社会环境。

“国家知识产权战略”中明确指出，企业要有自己的核心知识产权，科技型企业作为我国企业界的优质新生力量，担负着“走出去”重任，面临着激烈的国际竞争。“前辈”在海外的冲锋陷阵，切身体会了“专利先行”的必要性，我国企业发展自主知识产权、拥有核心技术刻不容缓。近年来，尤其是在“创新型国家”等思想战略的推动下，知识产权评估业务需求开始增加。

在早期文献中，有研究以2001—2008年我国上市公司知识产权评估业务为观察对象，收集了85份知识评估报告开展分析。从数据可知，上市公司知识产权评估业务占全部资产评估业务的比重很小，仅约10%，占无形资产评估业务比重仅约1/3。2001年至2008年分别为8份、7份、7份、7份、9份、11份、16份和21份。从2001年的8份上升到2008年的21份。特别是2006—2008年，上市公司知识产权评估业务量增长明显加快。虽然上市公司情况并不能代表我国企业知识产权资产评估业务量全貌，但仍能反映出企业知识产权评估业务的快速增加的趋势。

上市公司知识产权评估对象主要包括专利权、专有技术、商标权和著作权四类。从对象类别划分，涉及技术为评估对象的报告60份，占到样本的七成以上，涉及商标的30份约占到1/3，著作权4份最少。同时，一项评估业务可能包括多类知识产权。可见，我国企业创新大多数是以技术为依托。

知识产权的评估目的一般包括作价入股、授权许可、质押、单项资产转让、企业整体转让和IPO等。在实际上市公司知识产权评估业务中，知识产权出售转让的最多，涉及71份评估报告，占比83.5%。此外，作价入股为目的的评估有8份，其余均只有1~3份，占比很少。这说明，早些年上市企业对知识产权的运用主要集中在产权交易领域，其他授权许可、质押等运用方式仍然有限，企业应积极加以拓展。对上市企业而言，资金来源基本得到了解决，但更多非上市企业仍然面临融资不易的问题。利用知识产权融资，主要有知识产权质押和许可两种方式，尤其对轻资产的中小企业来说是一种可行的解决之道。因此，近年来非上市企业知识产权评估目的，可能会明显不同于上市公司。

从评估方法上看，2001—2008年上市企业知识产权评估主要采用了收益法和成本法，普通资产评估常用的市场法却几乎没有出现。运用了收益法评估知识产权的有68份，采用成本法评估知识产权的报告17份。市场法的缺席，源于早期我国知识产权交易市场发展很不完善。随着近年来知识产权交易量迅速增加，为市场法的使用创造了前提条件，市场法的应用会更加普及。

对于知识产权评估结果，2001—2008年上市公司85份评估报告中，有71份评估结果增值，占到80%以上。通过分析发现，评估增值与评估目的、评估方法、评估对象显著相关。以知识产权转让为评估目的的评估增值额远远大于作价入股和授权评估目的的评估增值额，收益法的平均评估增值额远远高于成本法的评估增值额，商标权的评估增值额明显大于技术类知识产权的评估增值额。研究结果主要分析评估过程等客观因素的影响，评估委托方的主观意愿对评估结果的影响，缺少量化实证分析。

二、知识产权评估实务的现状调查

1. 知识产权评估实务访谈思路

为了全面深入了解当前我国知识产权评估的现状，发现知识产权评估实务中存在的问题，课题组设计准备了访谈提纲，并在北京和重庆选择具有代表性的评估机构，开展详细的调查研究。

访谈内容包括知识产权评估业务基本情况、知识产权评估方法、影响评估的主观因素、评估工具和规范四个部分。首先，了解机构日常知识产权评估的业务情况，包括其知识产权评估业务量的比重、发展趋势、评估对象类别。访谈主体部分是关于评估方法，先试图了解知识产权评估业务中传统方法的使用情况，包括使用频率、各方法的优缺点、评估结果的合理性、是否满足知识产权评估需要、成为主流的原因等。在此基础上，进一步探讨评估知识产权可能的新方法，包括新方法的类别、与传统方法相比的特点、新方法推广面临的障碍等。

资产评估过程存在大量评估师的主观判断，这也是影响评估结果准确性的核心因素之一。大量研究表明，评估目的、评估对象类别、评估方法显著影响评估结果。进一步分析影响路径，应发现评估目的和评估对象类别影响评估方法的选择，评估方法是影响评估结果的最大直接因素。除了评估师的主观判断，委托方的主观意愿也会影响评估结果。委托方影响评估结果的路径有两种：直接路径和间接路径。间接路径包括，委托方选择性提供信息资料，或者利用对被估资产的专业技能优势。直接路径包括，委托方干预评估过程，如要求改变评估方法，或者利用支付评估费的权利迫使评估师改变结果。评估师对各种影响方式的接受程度不同。评估师更多接受间接影响，委托方更多采用间接方式，整个评估过程就越规范，评估质量相应越好。

知识产权评估较其他资产评估，更加复杂，不确定性更高。采用计算机软件辅助评估过程，是近年来呈现的新趋势。2017 年 2 月，由国家知识产权局中国专利技术开发公司发起、经国家工商行政管理总局授权批准、专业从事知识产权评估和企业价值分析的权威认证机构——国专知识产权评估认证中心在北京成立，同时中心正式发布自主研发的“国专知识产权评估系统 1.0 版”。国专评估 1.0 版依托国家知识产权局的全球专利数据库资源，建立知识产权评估大数据平台，可对每个细分产业、行业、领域中预评专利技术和企业价值进行更科学合理的评估，出具专业、权威的评估报告书，全面提高知识产权的评估质量。该系统的发布，标志着中国拥有自主的专利评估软件系统和方法工具。目前，市面上现存的资产评估软件并不少见，但大多数处于实验或试用阶段，评估软件要真正走向实务，还有很长一段路要走。课题组将调查当前评估机构使用评估软件的实际情况，并挖掘评估软件应用中的问题，试图找到解决对策。

我国知识产权资产的评估规则主要是依托有形资产、无形资产评估规则发展起来的。我国资产评估框架体系包括四个层次：第一层次为资产评估基本准则；第二层次为资产评估具体准则，这又可分为程序性准则和专业性准则两个部分；第三层次为资产评估指南；第四层次为资产评估指导意见。2006 年 4 月 19 日，财政部与国家知识产权局联合颁布的《关于加强知识产权资产评估管理工作若干问题的通知》（以下简称《评估通知》）是我国第一个针对知识产权资产评估的规则。《评估通知》主要涉及三个方面的问题：其一，明确了知识产权评估的事由及范围；其二，规定了知识产权评估机构；其三，明确了知识产权评估的管理机构及职能。2008 年

11 月，中国资产评估协会发布的《资产评估准则——无形资产》和《专利资产评估指导意见》是指导我国知识产权资产评估的两个重要规则。《资产评估准则——无形资产》规定，可辨认无形资产包括专利权、商标权、著作权、专有技术、销售网络、客户关系、特许经营权、合同权益等。不可辨认无形资产是指商誉。《专利资产评估指导意见》规定，专利资产评估业务的评估对象是指专利资产权益，包括专利所有权和专利使用权。此后，中国资产评估协会分别于 2010 年 12 月印发《著作权资产评估指导意见》，2011 年 12 月印发《商标资产评估指导意见》。2015 年 12 月，为进一步规范资产评估师执行知识产权资产评估业务行为，中国资产评估协会印发《知识产权资产评估指南》。至此，关于知识产权资产评估的三级准则框架基本成型。

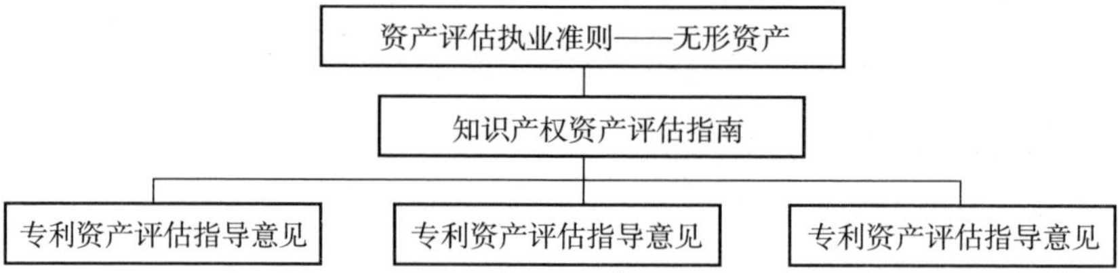

图 2－1　知识产权资产评估准则框架

2016 年 7 月，我国第一部规范资产评估活动的法律《中华人民共和国资产评估法》正式出台，这标志着我国资产评估行业有了自己的行业基本法，向完善市场规则迈出一大步，在市场交易中保证价值公平也终于有了法律的保障。为了贯彻落实《中华人民共和国资产评估法》精神，进一步规范资产评估行为，保证资产评估执业质量，2017 年，在财政部指导下，中国资产评估协会对已颁布的资产评估执业准则和职业道德准则进行了修订，形成了《资产评估基本准则》等 26 项资产评估准则在内的新准则体系。其中，涉及知识产权评估的具体规则包括《资产评估执业准则——无形资产》《知识产权资产评估指南》《专利资产评估指导意见》《商标资产评估指导意见》《著作权资产评估指导意见》，框架结构如图2－1所示。

虽然修订后的准则体系为知识产权评估业务提供了较为全面的指导，但还是停留在原则层面，具体的操作规范难以细化，在评估方法的选择上仍然没有可供参考的细则。修订后的准则将相关衍生方法纳入可选择的评估方法，但具体包括那些衍生方法没有列举，对衍生方法的操作更无从谈起。据此，课题组将调查在修订的新准则发布后，评估执业人员对知识产权评估规范的认知和态度。

通过上述分析，课题组准备了访谈提纲。在经过个别机构的访谈实验后，根据回答效果反馈，对提纲进行了修改和调整。修订后的访谈提纲附后，见附录1。

2. 知识产权评估访谈的研究设计

（1）被采访者情况

本次研究中接受访谈的5家资产评估机构，4家来自北京和1家注册地为重庆。其中，4家机构注册资本200万～300万元，1家机构注册资本为50万元。5家机构营业时从12年到24年不等。员工规模最少8人，最多90人。年业务规模最少30万元，最高1300万元。从表2－1统计数据可知，业务规模、员工规模及注册资本之间，有较为显著的正相关关系。

表2－1　被采访机构背景信息　　单位：万元

序号	机构代号	城市	注册资本	营业时间	员工规模	年业务规模
1	DP	北京	200	20年	76人	380
2	ZJH	北京	200	12年	50人	1300
3	GM	北京	300	12年	90人	1300
4	LC	北京	200	24年	43人	860
5	YK	重庆	50	18年	8人	30

本研究通过重庆市知识产权局，联系采访这5家评估机构。在采访之前，采访者向被访者说明访谈资料的研究用途，且研究报告中不采用机构

真实名称，而采用字母代号来替代。

（2）数据收集

本研究采用半结构型访谈。访谈者根据研究目的和研究问题，准备了一个粗线条的访谈提纲，大致包括机构背景信息、机构业务情况、关于评估方法的选择、主观因素的影响、工具使用和评估规范的作用。访谈过程中，允许被访机构工作人员提问，访谈内容根据内容进行调整，以便最大限度地呈现知识产权评估业务的真实状况。与每一家机构的访谈独立进行，每个机构访谈时间从 40 分钟到 70 分钟不等。5 家机构进行访谈的对象，都是知识产权评估业务的实务工作者，在知识产权评估方面均有 3 ~ 10 年工作经验，对该行业有全面且深入的体会。访谈采用现场记录形式，事后将整理好的访谈记录发给机构确认，以保证访问者正确理解了被访者的真实意见。

（3）数据整理和分析

本研究以问题聚焦的形式对访谈资料进行了编码，具体编码方式和过程如表 2 – 2 所示。

表 2 – 2　知识产权评估实务现状研究编码

表达示例	一级编码（初始编码）	二级编码（聚焦编码）	三级编码（核心编码）
每年都在增长；比较稳定，有增加	1. 知识产权评估业务量	1. 业务状况	知识产权评估实务现状
占到 2/3；大约 20%	2. 知识产权评估业务占比		
专利评估是最多的；著作权比较少	3. 被估知识产权类型		
使用少；不合适；估值偏低	4. 成本法	2. 评估方法	
比较合理；参照物不好找	5. 市场法		
最常用；估值较高；客户最认可	6. 收益法		
够用；基本能满足需要；客户没有新方法的要求；做些改进更适合	7. 传统方法适用性		
新方法较复杂；老方法更熟悉；评估规范主要是传统方法	8. 新方法推广障碍		

续表

表达示例	一级编码（初始编码）	二级编码（聚焦编码）	三级编码（核心编码）
根据自己的经验；参考以前的案例；评估目的；认真考虑客户的要求；客户不关注方法，看重结果	9. 方法选择的影响因素	3. 主观影响	知识产权评估实务现状
客户在某些领域更专业；客户提供材料可能有筛选；客户补充新材料；与老客户长期关系好；客户提出要求，并且态度很坚持；客户是付费方	10. 委托方影响路径		
没有使用过；可能会减少一些工作量，但用处不大	11. 工具必要性	4. 评估工具	
需要的话，自己开发更好些；在考虑是否需要购买	12. 获取路径		
能够估计参数；生成规范的评估报告就比较方便；完全取代人工不现实；数据库是非常有必要的	13. 工具功能要求		
原则上的指导；开展业务更多依赖实践经验；方法选择上缺少指导	14. 规范的作用	5. 评估规范	
关于方法选择，不够具体；规范中缺少对新方法的介绍	15. 规范的改进		

对访谈资料依据其内容性质分别赋予不同数字标识，编码包括4位数字，第一、二位是一级编码，对应具体的访谈内容，第三位是二级编码，第4位是被访机构序列号。如0723的资料，是指一级编码为07（传统方法适用性）、二级编码为2（评估方法）、序列号位3的访谈资料。本研究对引用的访谈资料进行了“标准化”处理，包括删掉无实质意义的停顿、重复、口头语，以及对文字顺序的适当调整。

三、知识产权评估实务访谈结果分析

按照二级编码的类属顺次，对从访谈数据进行分析，归纳出评估机构对目前知识产权评估实务现状的观点。

1. 业务状况

5 家被访评估机构日常评估业务都涉及知识产权评估业务，并且均专门设立了的知识产权评估业务部门，体现了知识产权评估业务在资产评估业的重要地位。关于知识产权评估业务量，4 家北京机构均明确表示近年来业务量呈现明显的增加态势，1 家重庆机构则指出业务量基本稳定，有所增长但不明显。具体就 2017 年来看，DP、LC 和 ZJH 三家机构知识产权评估业务量占到资产评估业务总量的 60% 以上，而 YK 和 GM 的知识产权评估业务占比在 30% 左右。DP、LC 和 ZJH 三家机构自成立起，将无形资产评估作为主营业务方向，多年积累均在知识产权评估领域具有很高的显示度。根据被估知识产权的类型，业务量按照从高到低排序，五家机构保持了一致顺序：专利最多，商标第二，著作权第三。可见，在我国企业开展知识产权运营是以专利为主，评估需求最大，发展也相对成熟。

2. 评估方法

由中国资产评估协会发布，自 2017 年 10 月 1 日开始施行的《知识产权资产评估指南》中，关于评估方法的选择，有如下指导意见："第二十三条确定知识产权资产价值的评估方法包括市场法、收益法和成本法三种基本方法及其衍生方法。执行知识产权资产评估业务，应当根据评估目的、评估对象、价值类型、资料收集等情况，分析上述三种基本方法的适用性，选择评估方法。"

在方法选择和适用性方面，5 家评估机构的观点表现得非常的一致，体现知识产权评估行业的从业机构在对三种方法的基本取得的共识。关于成本法，评估机构均认为该方法在知识产权评估实务中使用频率最低，因为该方法不适合知识产权评估。相对知识产权合理价值区间，成本法评估结果普遍偏低。偏低原因包括知识产权的历史成本的账面资料不完整，知识产权贬值率难以有效估计，以及知识产权资产的成本与价值之间缺少对应关系等。其中，YK 特别强调历史资料的不完整性是影响成本法估值准确性的关键要素。

关于收益法，评估机构均表示该方法是知识产权评估实践中使用频率最高，且客户认可度最高的方法，并且适合知识产权资产的评估需要。市场法往往会作为收益法评估知识产权资产价值时的重要补充。评估机构普遍认为收益法和市场法评估知识产权，评估结果均在合理的价值区间范围内，比较准确。但是运用市场法评估知识产权，存在可供参照的知识产权交易难找的问题。

根据受访机构的介绍，在日常知识产权评估实务中，没有出现客户提出采用三种传统方法以外其他新方法的情况。5 家被访的评估机构均认为，三种传统评估方法只需要根据评估对象的特点进行适当调整，就能够满足知识产权评估业务的需要。

关于其他新方法，LC 使用过层次分析法，对实物期权法和蒙特卡洛模拟法有所了解，但评估业务中没有开展相关实践。其他 4 家机构，则没有使用过任何其他方法。与传统方法占据主流相比，新方法的推广运用存在诸多障碍，包括过程复杂，客户认知程度低，评估指南等规范中缺少对新方法的推介等。

3. 影响评估的主观因素

鉴于知识产权评估工作的复杂性，评估机构工作人员与委托方主观因素影响评估结果的情况，难以避免。首先，评估方法不同评估结果有明显差异。评估人员选择知识产权资产评估方法时，受到诸多因素的影响。DP 认为具体的评估目的和以往评估经验，是选择评估方法时首先考虑的。GM 认可评估目的是重要因素，同时会根据知识产权资产自身特点，并参考以往评估案例，选择合适的评估方法。如果客户对方法有具体要求，5 家机构的工作人员均表示，会认真考虑客户要求并尽可能满足。其中，YK 特别指出顾客本身往往不关注评估方法，而是看重评估结果是否符合期望。

此外，认为知识产权类别会影响评估方法选择的评估人员，来自 DP、LC 和 ZJH。

客户或者委托方除了影响评估方法外，对评估结果的期望是其对评估过程采取干预行为的主要驱动。DP、ZJH、YK 和 GM 认为，相对其他类别资产评估，委托方干预知识产权评估的情况更加频繁，而 LC 则认为没有明显区别。5 家机构评估人员都同意，委托方通过事先筛选以选择性地提供评估所需资料，是委托方影响评估结果的主要途径，且该路径比较隐蔽，委托方可操作空间较大。GM 和 ZJH 评估人员认为，基于对被估知识产权资产的全面了解，尤其是专利技术，委托方在某个技术领域的专业优势，能够帮助评估人员更加准确了解被估资产的技术地位和市场应用前景，有利于估值的增加。DP 和 YK 的评估人员都提到，虽然委托方直接干预评估结果的情况不多发生，但由于付费权利在客户手中，委托人对评估结果的期望会成为评估人员必须要考虑的因素。LC 指出，部分顾客对资产评估过程有一定了解后，会直接就评估方法提出期望，在不违背原则的前提下，评估人员会接受建议。5 家机构的评估人员均表示，为了维护良好的客户关系，尤其是长期有业务往来的客户，在评估过程中良好的沟通是十分必要的，客户对评估结果更容易接受。

4. 评估工具

关于评估工具，YK 明确表示在实际评估业务中没有使用过，短期内也没有使用或者开发计划。LC 评估人员认为，评估软件的用处不大，可能会减少一些文字处理方面的工作量。DP 指出，如果需要工具辅助，自行开发可能更好。

ZJH 对评估工具的态度明显区别于其他机构，该机构已经自主开发了 ZZY 评估系统，以知识产权评估项目管理、知识产权分析与评估计算、知识产权分级管理、知识产权风险监控为核心，将评估流程公开化、经验判断标准化、数据来源合法化、烦琐劳动自动化，从而大幅缩短传统资产评估所需要的时间，在将评估环节、参数选取标准化的同时，减少人为判断导致的结果误差，为知识产权估值提供了一条新的解决路径。

关于评估工具的具体功能，YK 期望能够辅助进行参数估算。LC 认为能够根据评估结果，生成规范的评估报告，可以减少一定工作量。DP 认为完全取代人工实现智能化，目前不太现实。对于知识产权资产评估，信息和数据的需求更加多元化。其中，GM 和 LC 两家机构建立内部较为完善的行业及产品分析数据库，为机构评估实践提供强有力的支持。

5. 评估规范

针对目前已有的知识产权评估规范，5 家机构评估人员都认同规范主要是发挥原则上的指导作用。在开展实际业务的过程中，更多的是依赖评估人员自身的实践经验，以及机构内部的多级审查制度，以保证评估业务质量。

在评估指南以及各类知识产权评估指导意见中，关于方法的选择缺少具有可操作性的指导。如，《知识产权资产评估指南》中关于评估方法只在第二十三条做了相应规定。《专利资产评估指导意见》中，从第二十六条到第三十三条，关于评估方法选择、三类传统方法的运用原则、多方法估值结论的确定等方面提出了更多规范性要求，但远未达到实际操作层面。同时，指南和指导意见中，针对传统三种评估方法以外的其他评估方法，完全没有涉及，缺少基本的介绍或者说明。

四、反思与建议

在本次访谈研究中，通过质性研究方法了解评估机构开展知识产权评估业务情况，展示了评估人员在开展业务过程中的真实状态。从业务量、评估方法、主观因素、评估工具和评估规范五个方面，系统全面了解一线实务工作者面临的问题，探讨问题产生的深层次原因或者影响因素，从而提出可能的解决方案。

本次研究我们认识到，在知识产权评估领域，管理部门制定的相关政策、规范和指导意见，与评估层面的实施之间存在较大鸿沟。评估方法会显著影响评估结果，评估方法的选择又受到来自评估人员和客户双方面主观因素的影响，而在评估规范中关于评估方法和评估结果的确认只能提供原则性指导，很难具有操作层面的内容。由此，我们建议，在知识产权评估方法上，可以考虑顾客主动选择的可能性。关于这点，我们将进一步从知识产权评估需求调查中得到呼应。

第三章　企业知识产权评估需求

从本质上看，知识产权资产评估是为企业开展的一项知识产权服务。因此，知识产权资产评估的规范化发展，始终离不开企业对知识产权评估业务的需求状况。课题组设计了《企业知识产权评估需求调查》，调查对象是具有知识产权评估需求的企业，调查目的是了解企业在委托评估机构开展知识产权评估的实际情况，发现存在的问题，并寻找可能的解决途径。

一、企业知识产权评估需求问卷设计

问卷包括企业基本信息与调查问卷两部分。问卷内容主要涉及五个方面：评估基本情况、评估方法、评估结果、影响途径、规范改进。“评估基本情况”主要了解企业知产类别与评估目的。“评估方法”从实际采用和企业期望两方面来调查。“评估结果”包括估值范围、影响因素、结果认可程度等。“影响途径”考察了企业采取行动的意愿、具体干预方式以及干预结果等方面。“规范改进”试图调查企业对准则相关内容的了解程度和具体的修正建议。

调查问卷在小范围内经过实验后，根据填写情况对问卷稍作调整，以提高问卷反馈信息的有效性。修订后的调查问卷附后，见附录2。

二、企业知识产权评估需求调查过程

问卷在重庆市范围内开展调查，共收回问卷36份。从反馈问卷企业来看，涉及机械、电子、自控、通信、汽车、金属、食品、化工、材料9个行业。具体分布，如表3－1所示。其中通信、电子、机械、材料行业企业较多，自控、化工和金属行业企业较少。

表3－1　问卷调查企业行业分布

	机械	电子	自控	通信	汽车	金属	食品	化工	材料	合计
企业数	6	6	2	7	4	1	3	2	5	36
比例	16.7%	16.7%	5.6%	19.4%	11.1%	2.8%	8.2%	5.6%	13.9%	100%

36份问卷中，开展过知识产权评估或者正在开展知识产权评估的企业21家，没有知识产权评估经历的企业15家，分布情况如表3－2所示。无评估经历的15家企业，对问卷中部分问题因缺少答题依据，回答自然空缺，如：评估知识产权类别、评估目的、评估方法、评估价值及估值满意度等。但同时，无评估企业对问卷其他问题的回应，依然有效。在进行数据分析之前，将对问卷做分类处理。

表3－2　依据评估经历划分被调查企业

	企业数量	比例
有知识产权评估经验	21	58.3%
无知识产权评估经历	15	41.7%

三、企业知识产权评估需求调查结果分析

面向企业的调查目的是探索性回答三个问题：其一，知识产权评估值的影响因素；其二，企业所期望评估方法与实际评估方法之间是否存在显著差异；其三，企业影响知识产权评估结果的意愿、途径和有效性。

1. 评估值的影响因素

知识产权资产评估结果受到诸多因素影响，包括评估对象本身特征、评估环境、评估技术等方面。根据问卷调查反馈情况，选择知识产权资产类别、评估目的和评估方法作为评估要素，考察这三个要素对知识产权资产估值结果的影响。

表 3－3 评估值影响因素分析的变量设置及描述

变量名称	描述
因变量	
LNV	企业知识产权估值结果的自然对数，LNV = LN（评估值）
自变量	
IPC	企业被评估知识产权类别，专利取值 1，商标取值 2
Meth	知识产权估值结果对应方法，市场法取 1，收益法取 2
Shar	企业知识产权评估目的为作价入股，取值 1，否则取 0
Pled	企业知识产权评估目的是质押担保，取值 1，否则取 0
Tran	企业知识产权评估目的是资产转让，取值 1，否则取 0

取企业被估知识产权资产估值结果的自然对数值为被解释变量，对数取值不会改变数据性质和相关关系，但能够压缩变量尺度，并同时有消除异方差的作用。

知识产权常见类别包括专利、商标和著作权三类。在本次问卷调查中，企业反馈答卷中没有出现著作权，仅涉及专利和商标两类，因此可只设置一个类别变量，专利取值 1，商标取值 2。关于评估方法，企业知识产权评估实际采用方法中，没有出现成本法，故只设置一个方法变量，市场法为 1，收益法为 2。企业回答的评估目的涉及三个方面，作价入股、质押担保和资产转让，对应三个自变量，选择作价入股和质押担保放入模型。

关于变量的描述性统计如下表所示。

描述性统计资料

	N	最小值	最大值	平均数	标准偏差
评估估值	21	28.0	95.0	56.667	19.2726
估值对数	21	3.33	4.55	3.9804	.34912
知产类别	21	1.0	2.0	1.286	.4629
评估方法	21	1.0	2.0	1.429	.5071
作价入股	21	.0	1.0	.524	.5118
质押担保	21	.0	1.0	.286	.4629
资产转让	21	.0	1.0	.190	.4024
有效的 N（listwise）	21				

构建多元线性回归模型如下：

$$LNV = \alpha_0 + \beta_1 IPC + \beta_2 Meth + \beta_3 Shar + \beta_4 Pled + \varepsilon$$

其中，α_0 是模型常数项，β_i 是各自变量的回归系数，ε 表示误差项。采用 SPSS22.0 软件进行回归分析，结果如下：

模型摘要

模型	R	R 平方	调整后 R 平方	标准估算的错误
1	.883[a]	.780	.725	.18295

a. 预测值：（常数），质押担保，评估方法，知产类别，作价入股。

方差分析[a]

模型		平方和	df	平均值平方	F	显著性
1	回归	1.902	4	.476	14.209	.000[b]
	残差	.536	16	.033		
	总计	2.438	20			

a. 因变量：估值对数。

b. 预测变量：（常数），质押担保，评估方法，知产类别，作价入股。

系数[a]

模型		非标准化系数		标准化系数	T	显著性
		B	标准错误	Beta		
1	（常数）	2.689	.288		9.346	.000
	知产类别	.194	.121	.257	1.607	.128
	评估方法	.588	.100	.854	5.849	.000
	作价入股	.261	.122	.383	2.149	.047
	质押担保	.228	.143	.303	1.597	.130

a. 因变量：估值对数。

模型摘要给出了回归方程优劣的度量。调整的 R 平方为重点关注的统计量，体现模型的拟合程度。调整的 R 平方为 0.725，说明回归模型预测因变量精度较高。标准估算的错误为 0.18，越接近 0，说明建立的模型效果好。

方差分析结果中 F 统计量等于 14.209，概率 P 值 0.000 小于显著性水平 0.01，所以该模型具有统计学意义，评估值与知识产权类别、评估方法与评估目的之间线性关系是显著的。

系数表显示，回归模型常数项、知产类别、评估方法、作价入股和质押担保的系数分别是 2.689、0.194、0.588、0.261 和 0.228。因此回归方程如下：

$$LNV = 2.689 + 0.194IPC + 0.588Meth + 0.261Shar + 0.228Pled$$

其中，评估方法的 P 值为 0.000，说明评估方法与知识产权估值之间线性关系在 0.01 水平下显著。评估方法系数为正，说明在统计学意义上，知识产权估值采用收益法的评估结果显著高于采用市场法得到的评估值。作价入股的 P 值为 0.047，说明评估目的 – 作价入股与知识产权估值之间是正相关关系，且在 0.05 水平下显著。当评估目的是作价入股时，其估值结果显著高于其他评估目的估值。知产类别与估值之间正相关，即商标估值高于专利估值，但 P 值 0.128 超过显著性水平 0.1，说明该相关性不够显著。同理，评估目的是质押担保时，其知识产权评估价值相对资产转让为目的时更高，但P值0.13，略高过0.1的显著性水平。

通过上述研究结果，可以发现重庆市企业知识产权评估对象以专利技术和商标为主，著作权几乎没有涉及，且商标权估值略高于专利技术估值。作价入股是重庆市企业知识产权评估的主要评估目的，质押担保和资产转让相对较少，而企业并购和债务重组为目的的评估需求几乎没有。在评估方法上，收益法估值明显高于市场法估值，收益法和市场法是重庆市企业知识产权估值得主要方法，没有样本案例在评估实践中使用成本法。

在更大范围内，从企业视角，考察影响知识产权资产估值的因素，对36家企业认知情况进行统计。如表3－4所示。首先在企业看来，资产类别影响知识产权估值的认识最为普遍，其次是评估方法，最后是评估目的。这与评估机构评估实践情况并不一致，由此体现评估机构与企业在价值因素认知方面存在差异。

表3－4　知识产权估值影响因素—企业视角

	评估目的	资产类别	评估方法	企业合计
选择频数	15	30	18	36
比例	41.7%	83.3%	50.0%	

2. 企业期望与实际评估方法的差异性

在36家调查企业之中，企业鉴于对自有知识产权的了解，关于知识产权评估方法有着不同的选择，选择结果分布如表3－5所示。其中，希望采用收益法评估的企业占到半数，明显高于另两类方法。有1/3的企业认为市场法更符合企业知识产权评估需要。比较意外的是，有1/6的企业选择成本法，这可能是企业在相应知识产权上投入的资源较多，成本较高，而同时知识产权当前的市场应用不够充分，造成市场法或收益法估值与企业期望相距甚远的情况。

表 3 –5　企业知识产权评估方法期望分布

	收益法	市场法	成本法	合计
企业数	18	12	6	36
比例	50%	33.3%	16.7%	100%

进一步，可以对21家开展知识产权评估实践的企业做更深入的比较分析。将21家企业知识产权评估采用的事实方法与企业期望的方法进行对比，考察是否存在显著性差异。表3 –6显示企业实际采用评估方法的分布情况。可知，重庆市知识产权评估实践中，评估机构使用频率最高的是市场法，其次是收益法，而成本法几乎没有使用。从统计上看，评估实际与企业期望在方法上有较大区别。

表 3 –6　知识产权评估方法实际情况分布

	收益法	市场法	成本法	合计
企业数	9	12	0	21
比例	42.9%	57.1%	0%	100%

为了检验方法上差异的显著性，对21家企业的评估方法数据进行配对样本的T检验，得到检验结果如下：

成对样本统计资料

		平均数	N	标准偏差	标准错误平均值
对组1	实际采用	1.4286	21	.50709	.11066
	企业期望	1.8095	21	.60159	.13128

成对样本相关性

		N	相关	显著性
对组1	实际采用 & 企业期望	21	–.211	.359

成对样本检定

<table>
<tr><td rowspan="3">对组1
实际采用－
企业期望</td><td colspan="5">成对差异数</td><td rowspan="3">T</td><td rowspan="3">df</td><td rowspan="3">显著性
（双尾）</td></tr>
<tr><td rowspan="2">平均数</td><td rowspan="2">标准偏差</td><td rowspan="2">标准错误
平均值</td><td colspan="2">95%差异数的信赖区间</td></tr>
<tr><td>下限</td><td>上限</td></tr>
<tr><td></td><td>－.38095</td><td>.86465</td><td>.18868</td><td>－.77454</td><td>.01263</td><td>－2.019</td><td>20</td><td>.057</td></tr>
</table>

统计数据显示，评估实际采用的方法平均数低于企业期望方法平均数。在取值设置上，市场法为1，收益法为2，成本法为3。由此可知，评估机构实际采用方法多为市场法或收益法，而企业则更多倾向于收益法或者成本法。成对样本相关性 p 值为0.359，表明评估机构对方法的选择与企业期望之间没有相关性，说明机构在选择评估方法时，并没有就评估方法的问题与企业沟通，或者评估机构坚持自身对评估方法适用性的专业判断，而较少考虑企业的需求。配对样本 t 检验结果显示 p 值为0.057，两组样本在评估方法上的差异至少在0.1水平下显著，即评估实际方法与企业期望方法之间存在明显不一致情况。同时，“实际采用—企业期望”的平均数为负数，说明企业更多期望采用收益法，甚至愿意采用成本法，而评估机构使用最多的是市场法，这与统计呈现的规律一致。

3. 企业干预评估结果

从前面两项关于估值因素、评估方法差异性的分析可知，评估机构在对企业知识产权进行估值过程中，评估方法并没有考虑企业的要求，而评估方法对估值结果存在显著影响，从而可能造成企业对估值结果不满意情况。从调查结果可知，21家企业对估值结果的评价来看，有6家企业认为最终评估值偏低，占到28.6%。如果估值结果偏低，对企业产生的影响大致划分为四方面：股权人利益受损，不利于企业融资，减少企业交易收益，阻碍企业创新。36家企业关于估值对企业影响的认识状况，如表3－7所示。

表 3－7 知识产权估值偏低对企业影响状况

	股权受损	融资不利	收益减少	阻碍创新	企业数
企业认可频次	18	12	12	18	36
比例	50%	33.3%	33.3%	50%	

从表 3－7 可知，半数企业认为知识产权估值过低导致企业利用知识产权作价入股时，股东权利将受到影响。同时，半数企业认为知识产权估值过低会导致企业激励不足，妨碍企业再创新。此外，认为知识产权估值偏低对企业融资不利和直接减少企业转让获利的企业，都占到 1/3。综合来看，知识产权估值过低对企业影响的体现是多层次和多方面的。

从调查可知，当企业认为评估值不合理时，所有企业均表示会主动与评估机构进行沟通，并开展行动以影响最终评估结果。以下进一步探讨企业干预估值结果的路径及其有效性。具体来说，企业意图修正或调整评估结果时采取的干预行为，可以被划分为四种途径：修正或者补充评估相关资料，运用技术领域内的专业优势，建议调整评估方法或参数，利用与评估机构的长期合作关系。

基于企业采取的干预措施往往是多路径结合的方式，传统多元统计分析不便，因此运用 SPSS 软件对干预路径问题进行多重响应分析，包括频数分析和交叉表分析。频数分析结果如下：

观察值摘要

	观察值					
	有效		遗漏		总计	
	N	百分比	N	百分比	N	百分比
$路径[a]	21	100.0%	0	0.0%	21	100.0%

a. 在值 1 处表格化的二分法群组。

路径次数

		回应		观察值百分比
		N	百分比	
干预[a]	路径－资料修正	15	37.5%	71.4%
	路径－专业优势	11	27.5%	52.4%
	路径－建议方法	11	27.5%	52.4%
	路径－长期关系	3	7.5%	14.3%
总计		40	100.0%	190.5%

a. 在值1处表格化的二分法群组。

从频次分析结果可知，企业对不同干预路径的响应频数共40次；其中，频次最高的是资料修正路径，占到响应频次的37.5%和企业频次的71.4%；专业优势和建议方法两种路径的响应频次相当；频次最低的是利用长期合作关系，响应频次只有7.5%和企业频次14.3%。

进一步分析不同干预路径的有效性，采用交叉表分析，结果见下表：

路径＊干预有效性交叉列表

			干预有效性		总计
			0	1	
干预[a]	路径－资料修正	计数	4	11	15
		干预有效性内的%	57.1%	78.6%	
	路径－专业优势	计数	0	11	11
		干预有效性内的%	0.0%	78.6%	
	路径－建议方法	计数	3	8	11
		干预有效性内的%	42.9%	57.1%	
	路径－长期关系	计数	3	0	3
		干预有效性内的%	42.9%	0.0%	
总计		计数	7	14	21

百分比及总计是以应答者为基础。

a. 在值1处表格化的二分法群组。

纵向来看交叉表结果，干预结果为有效的14家企业，相关路径频数共30次，资料修正和专业优势各11次，建议方法8次。干预结果为无效的7

家企业，路径频数为 10 次，资料修正 4 次，建议方法 3 次，长期关系 3 次。横向比较分析，专业优势的 11 次使用均出现在有效列，而长期关系的 3 次使用均在无效列。因此，专业优势途径的干预有效性最强，而长期关系途径基本无效。

对交叉列表中路径效果可能不同的初步结论，采用卡方检测进一步做显著性分析。卡方检测结果如下：

卡方测试

	数值	df	渐近显著性（2 端）
皮尔森（Pearson）卡方	12.719[a]	3	.005
概似比	14.698	3	.002
线性对线性关联	2.778	1	.096
有效观察值个数	40		

a. 5 资料格（62.5%）预期计数小于 5。预期的计数下限为 .75。

卡放检测结果显示，Pearson 卡方值为 12.719，自由度为 3，渐进显著性水平为 0.005，小于 1% 的显著性水平，因此不同干预途径的干预效果存在显著区别。

从更大范围来考察企业干预知识产权估值结果的途径，可以分析 36 家企业的路径选择情况，如表 3－8 所示。可知，企业选择频率最多的是发挥专业优势，使用最少的路径是利用长期合作关系。这一多一少两个特征，与上述 21 家企业交叉表分析结果完全一致。企业的选择总是最为理性的，自然倾向选择最行之有效的方式实现企业目标。

表 3－8　企业干预估值结果的路径选择分布

	资料修正	专业优势	改变方法	长期关系	企业数
企业认可频次	18	24	12	3	36
比例	50%	66.7%	33.3%	8.3%	

4. 企业对知识产权资产评估准则的期望

企业要合理有效地影响知识产权资产评估结构，必然受到知识产权资产评估准则的约束。考察企业对现行知识产权评估规范的了解情况，如表3－9所示。可知，对相关准则比较熟悉的企业基本没有；75%的企业在经历了专业机构资产评估后，通过与机构间的沟通对评估准则达到稍有了解状态；而1/4的企业表示对准则完全陌生或者不感兴趣。因此，知识产权资产评估准则对企业的约束作用是间接方式，通过资产评估机构接受或拒绝企业的修正估值要求来实现。

表3－9　企业对知识产权资产评估准则的了解状况

	完全陌生	稍有了解	较为熟悉	企业数
企业数量	9	27	0	36
比例	25%	75%	0%	100%

一方面，企业不了解相关准则，但具有对被估知识产权的信息优势；另一方面，评估机构熟知相关准则要求，但对被估知识产权相关信息缺乏了解。在知识产权评估实务中，存在服务提供与企业期望之间的供需矛盾。因此，本研究进一步考察企业对准则中委托方权利的修正期望。表3－10显示了企业在知识产权资产评估实践中对权利增加的意愿情况。从表3－10可知，80%以上企业认为作为委托方可以有向评估机构建议评估方法的权利，机构在没有正当理由情况下不能拒绝，应优先满足企业关于方法的要求。近60%企业认为，企业有在不同方法得到的评估值中选择最终评估结果的权利。此外，少数企业认为应视情况增加传统方法以外新的的评估方法。

表3－10　企业期望增加权利的分布

	建议评估方法	选择评估结果	增加新方法	企业数
企业数量	30	21	3	36
比例	83.3%	58.4%	8.3%	100%

目前，在我国知识产权资产评估相关准则中，为了保证评估工作人员在评估实践中的独立性，规避资产评估职业风险，在评估委托方与评估机

构之间设置有各种沟通限制。作为资产评估委托方的企业，被要求开展资产全面清查、按需提供资料、保证资料齐全真实以及按规定使用报告等义务责任，但针对企业在知识产权资产评估过程中的权利却少有提及。由于知识产权资产类别的特殊性，委托方具有显著的信息优势，使供需双方在评估实践中的矛盾更加突出。而评估机构为了规避自身的违规风险，从中协调权衡，看似平衡实则破坏了知识产权大力促进生产力发展的本质。故此，来自企业的强烈呼吁，与评估机构的保守行为，形成了鲜明对比。为了解决这个矛盾，在新时代背景下，顺应市场发展需要，适时调整知识产权评估准则相关条款，不仅必要而且可行。

|第二部分|

Intellectual Property

知识产权评估的基本方法

2

第四章　资产评估基本方法概述

一、资产评估基本方法

资产评估基本方法包括市场法、成本法和收益法三种途径。三种方法的使用都具有一定前提条件。

市场法，是指利用市场上同样或类似资产的近期交易价格，经过直接比较或类比分析以估测资产价值的各种评估技术方法的总称。从市场发的含义可以发现，市场法是资产评估中若干评估思路中的一种，也是实现该评估技术思路的若干评估技术方法的集合。市场法根据替代原则，采用比较和类比的思路及其方法判断资产价值的评估技术规范。因为任何一个正常的投资者在购置某项资产时，所愿意支付的价格不会高于市场上具有相同用途的替代品的现行市价。运用市场法要求充分利用类似资产成交价格信息，并以此为基础判断和估测被评估资产的价值。运用已被市场检验了的结论来评估被评估对象，显然是容易被资产业务各当事人所接受的。因此，市场法是资产评估中最为直接、最具说服力的评估方法之一。市场法进行资产评估需要满足两个基本条件：一是要有一个活跃的公开市场；二是公开市场上要有可比的资产及其交易活动。公开市场是一个充分竞争的市场，市场上有自愿的买者和卖者，在交易信息充分交换，或者交易信息公开的前提下有相对充裕的时间，买卖双方进行平等交易，排除个别交易的偶然性。资产及其交易的可比性，是指选择的可比资产及其交易活动在近期公开市场上已经发生过，且与被评估资产及资产业务相同或相似。这些已经交易完成的资产就可以作为被评估资产的参照物，其交易数据是进行比较分析的主要依据。

成本法，是指首先估测被评估资产的重置成本，然后估测被评估资产业已存在的各种贬损因素，并将其从重置成本中予以扣除而得到被评估资产价值的各种评估方法的总称。成本途径始终贯穿着一个重建或重置被评估资产的思路。在条件允许的情况下，任何一个潜在的投资者在决定投资某项资产时，他所愿意支付的价格不会超过购建该项资产的现行购建成本。如果投资对象并非全新，投资者所愿支付的价格会在投资对象全新的购建成本的基础上扣除资产的实体有形损耗；如果被评估资产存在功能和技术落后，投资者所愿支付的价格会在投资对象全新的购建成本的基础上扣除资产的功能性贬值；如果被评估资产及其产品面临市场困难和外力影响，投资者所愿支付的价格会在投资对象全新的购建成本的基础上扣除资产的经济性贬损因素。成本途径作为一条独立的评估思路，它是从再取得资产的角度来反映资产的交换价值的，即通过资产的重置成本反映资产的交换价值。只有当被评估资产处于继续使用状态下，再取得被评估资产的全部费用才能构成其交换价值的内容。只有当资产能够继续使用并且在持续使用中为潜在所有者和控制者带来经济利益，资产的重置成本才能为潜在投资者和市场所承认和接受。从这个意义上讲，成本途径主要适用于继续使用前提下的资产评估。采用成本法评估，还应当具备可利用的历史资料，形成资产价值的耗费也是必需的。

收益法是通过估测被评估资产未来预期收益的现值来判断资产价值的各种评估方法的总称。采用收益法评估，基于效用价值论：收益决定资产的价值，收益越高，资产的价值越大。一个理智的投资者在购置或投资于某一资产时，他所愿意支付或投资的货币数额不会高于他所购置或投资的资产在未来能给他带来的回报。资产的收益通常表现为一定时期内的收益流，而收益有时间价值，因此为了估算资产的现时价值，需要把未来一定时期内的收益折算为现值，这就是资产的评估值。收益法服从资产评估中将利求本的思路，即采用资本化和折现的途径及其方法来判断和估算资产价值。它涉及三个基本要素：一是被评估资产的预期收益；二是折现率或资本化率；三是被评估资产取得预期收益的持续时间。因此，能否清晰地把握上述三要素就成为能否运用收益法的基本前提。从这个意义上讲，应用收益法必须具备的前提条件是：第一，被评估资产的未来预期收益可以预测并可以用货币衡量；第二，资产拥有者获得预期收益所承担的风险也可以预测并可以用货币衡量；第三，被评估资产预期获利年限可以预测。收益法能真实和较准确地反映企业本金化的价值，与投资决策相结合，易为买卖双方所接受。但是预期收益额预测难度较大，受较强的主观判断和未来不可预测风险因素的影响。这种方法在评估中适用范围较小，一般适用企业整体资产和可预测未来收益的单项资产评估。

二、评估方法的联系与区别

1. 资产评估方法之间的联系

评估途径和方法是实现评估目的的手段。对于特定经济行为，在相同的市场条件下，对处在相同状态下的同一资产进行评估，其评估值应该是客观的，这个客观的评估值不会因评估人员所选用的评估途径和方法的不同而出现截然不同的结果，这是由于评估基本目的决定了评估途径和方法间的内在联系。而这种内在联系为评估人员运用多种评估途径和方法评估同一条件下的同一资产，并为相互验证提供了理论根据。运用不同的评估途径和方法评估同一资产，必须保证评估目的、评估前提、被评估对象状态的一致，以及运用不同评估途径和方法所选择的经济技术参数合理。

由于资产评估工作基本目标的一致性，在同一资产的评估中可以采用多种途径和方法，如果使用这些途径和方法的前提条件同时具备，而且评估师也具备相应的专业判断能力，那么，多种途径和方法得出的结果应该趋同。如果采用多种评估途径和方法得出的结果出现较大差异，可能的原因有：一是某些评估途径或方法的应用前提不具备；二是分析过程有缺陷；三是结构分析有问题；四是某些支撑评估结果的信息依据出现失真；五是评估师的职业判断有误。因此，评估师应当为不同评估途径和方法建立逻辑分析框图，通过对比分析，有利于问题的发现。评估师在发现问题的基础上，除了对评估途径或方法做出取舍外，还应该分析问题产生的原因，并据此研究解决问题的对策，以便最后确定评估价值。

2. **资产评估方法之间的区别**

各种评估途径和方法都是从不同的角度去表现资产的价值。无论是通过与市场参照物比较获得评估对象的价值，还是根据评估对象预期收益折现获得其评估价值，抑或是按照资产的再取得途径寻求评估对象的价值，都是对评估对象在一定条件下的价值的描述，它们之间是有内在联系并可相互替代的。但是，每一种评估方法都有其自成一体的运用过程，都要求具备相应的信息基础，评估结论也都是从某一角度反映资产的价值。因此，各种评估途径和方法又是有区别的。

由于评估的特定目的的不同，评估时市场条件上的差别，以及评估时对评估对象使用状态设定的差异，需要评估的资产价值类型也是有区别的。评估途径或方法由于自身的特点在评估不同类型的资产价值时，就有了效率上和直接程度上的差别，评估人员应具备选择最直接且最有效率的评估方法完成评估任务的能力。

三、资产评估方法的选择

评估方法选择，实际上包含不同层面的资产评估方法的选择过程，即三个层面的选择：第一个层面是评估的技术思路的层面，即分析三种评估方法所依据的评估技术的思路的适用性；第二个层面是在各种评估思路已经确定的基础上，选择实现评估技术的具体技术方法；第三个层面是在确定技术方法的前提下，对运用各种技术评估方法所设计的技术参数的选择。

资产评估途径和方法的多样性，为评估人员选择适当的评估途径和方法，有效地完成评估任务提供了现实可能。为高效、简捷、相对合理地估测资产的价值，在评估途径和方法的选择过程中应注意以下因素：一是评估方法的选择要与评估目的，评估时的市场条件被评估对象在评估过程中所处的状态，以及由此所决定的资产评估价值类型相适应；二是评估方法的选择受评估对象和类型、理化状态等因素制约。例如，对于既无市场参照物，又无经营记录的资产，只能选择成本途径及其方法进行评估；对于工艺比较特别且处在经营中的企业，可以优先考虑选择收益途径及其方法；三是评估方法的选择受各种评估方法运用所需的数据资料及主要经济参数能否搜集的制约。

每种评估途径和方法的运用都需要有充分的数据资料作依据。在一个相对较短的时间内，收集某种评估途径和方法所需的数据资料可能会很困难，在这种情况下，评估人员应考虑采用替代的评估途径和方法进行评估。

总之，在评估方法的选择过程中，应注意因地制宜和因事制宜，不可机械地按某种模式或某种顺序进行选择。但是，无论选择哪种评估途径和方法进行评估，都应保证评估目的，评估时所依据的各种假设和条件与评估所使用的各种参数数据，及其评估结果在性质和逻辑上的一致。尤其是在运用多种评估途径和方法评估同一评估对象时，更要保证每种评估途径和方法运用中所依据的各种假设、前提条件、数据参数的可比性，以便能够确保运用不同评估途径方法所得到的评估结果的可比性和相互可验证性。

第五章　市场法评估知识产权

市场法的运用，需要找到具有可比性的资产进行比较，在供比较资产的市场价格上进行调整，从而得到被评估资产价值。由于知识产权往往具有较强的创新性，每项知识产权都显得非常独特，要找到具有可比性的类似知识产权交易案例很不容易，这一点很大程度限制了市场法在知识产权评估中的直接使用。但在知识产权评估实践中，间接使用市场法的情况，较为常见。

具体来看，采用市场法评估知识产权的间接途径有两类：其一，采用市场法评估包括知识产权在内的整体资产价值，如企业价值的评估，再从企业价值中扣除流动资产价值、固定资产价值和其他资产价值，即得到无形资产价值。如果企业有多项无形资产或知识产权，就需要将无形资产价值按照贡献率进行再分配。其二，通过许可费用节省法评估知识产权，在确定许可费率时采用市场途径。因此，有评估人员认为许可费用节省法是收益法和市场法的混合应用。

一、市场法评估企业价值

1. 市场法评估企业价值的思路

企业价值评估中的市场法，是指将评估对象与可比上市公司或者可比交易案例进行比较，确定评估对象价值的评估方法。市场法常用的两种具体方法是上市公司比较法和交易案例比较法。上市公司比较法是指获取并分析可比上市公司的经营和财务数据，计算适当的价值比率，在与被评估企业比较分析的基础上，确定评估对象价值的具体方法。交易案例比较法是指获取并分析可比企业的买卖、收购及合并案例资料，计算适当的价值比率，在与被评估企业比较分析的基础上，确定评估对象价值的具体方法。由于非上市企业并购数据往往不予公开，因此获得可供参考的交易案例较少。而国内上市企业的信息公开披露，相关财务数据也较容易可以取得，充分符合选取可比公司进行比较的条件，因此上市公司比较法运用更加广泛。

上市公司比较法评估技术思路如下：

（1）选择可比公司，按照可比性要求，在被估企业所属行业范围内，选取足够数量的上市公司，了解上市公司背景及主营业务状况；如被估企业是主要业务范围是数码科技产品与服务，则属于信息技术行业。该行业上市企业很多，可以进一步压缩选择范围，选择同样从事数码科技的企业，由此更具可比性。

（2）选择比较因素，收集以上可比上市公司主要参数，从理论上讲，影响资产价值的基本因素大致相同，如资产性质、市场条件、盈利能力等，在此我们根据评估对象实际情况选取一定数量的可比参照物，并对这些可比参照样本的相关指标进行分析，确定一些标准指标如市盈率（PE）、市净率（PB）等与净资产收益率、企业风险等因素之间的相互关系，据此计算目标公司的相应指标值，并通过指标值估算目标的市场价值。

（3）对于可比上市公司的样本参数，根据实际情况选取若干可比参数，建立多元回归方程，对参数的相关性进行分析，确定市盈率（PE）、市净率（PB）等指标与净资产收益率、企业风险等因素之间的相互关系，据此计算目标公司的相应指标值。

（4）将目标公司的相应参数输入，得出目标公司市场价格。计算公式：

目标公司股票价格 = 市场平均 PB × 目标公司每股净资产 × 目标公司股份数

目标公司股票价格 = 市场平均 PE × 目标公司每股净利润 × 目标公司股份数

（5）标准指标的选取及确定

通过对被估企业经营管理特点的分析，以及对被估企业所在行业的整体把握，且考虑到市盈率、市净率各个指标修正所需的参数，市盈率的修正需要采用可比上市公司的分红政策，长期增长率等指标。

（6）调整量化指标差异，分析流动性折扣、控股权溢价、少数股东折价等因素对企业价值的影响，综合分析确定评估结果。

2. **市场法评估企业价值的案例**

案例：四川圣达拟收购股权涉及的北京新娱兄弟网络科技有限公司股东全部权益价值评估

1. 可比上市公司交易案例的选取

在 2013 年末至 2014 年 9 月，在上市公司中，与被估企业行业性质且交易规模类似的相关交易案例共 14 项，其中有三项交易未披露标的公司同期财务数据，无法对相关 P/E 进行修正，故予以剔除。另有一项交易涉及的公司 2013 年刚成立尚处于研发阶段，销售收入很少，未达到市场稳定期，故剔除。余下 10 项交易对应 10 家可比企业。具体如下：

单位：万元

序号	上市公司	股票代码	标的公司	交易股权比例	交易价格	交易日期
1	凯撒股份	002425	深圳市酷牛互动科技有限公司	100%	75,000	2014/6/19
2	拓维信息	002261	上海火溶信息科技有限公司	90%	81,000	2014/5/9
3	骅威股份	002502	深圳市第一波网络科技有限公司	80%	80,640	2014/7/24

续表

序号	上市公司	股票代码	标的公司	交易股权比例	交易价格	交易日期
4	任子行	300311	苏州唐人数码科技有限公司	100%	60, 256	2014/8/29
5	中青宝	300052	江苏名通信息科技有限公司	100%	56, 500	2014/4/9
6	德力股份	002571	北京武神世纪网络技术股份有限公司	100%	93, 000	2014/7/15
7	中青宝	300052	北京中科奥科技有限公司	100%	74, 000	2014/4/9
8	爱使股份	600652	游久时代（北京）科技有限公司	100%	118, 000	2014/4/1
9	世纪华通	002602	上海天游软件有限公司	100%	95, 000	2014/1/17
10	世纪华通	002602	无锡七酷网络科技有限公司	100%	85, 000	2014/1/17

2. 价值比率的选择

网络游戏公司属于轻资产类企业，市盈率 PE 估值是其主流估值方法，选用市盈率模型对新娱兄弟公司股东权益价值进行评估。

3. 目标公司与可比交易案例市盈率 PE 修正系数的确定

（1）可比交易案例公司市盈率

可比交易案例公司	交易价格	交易股权比例	第一年承诺净利润	市盈率
深圳市酷牛互动科技有限公司	75, 000	100%	6, 000. 00	12. 50
上海火溶信息科技有限公司	81, 000	90%	6, 000. 00	15. 00
深圳市第一波网络科技有限公司	80, 640	80%	8, 000. 00	12. 60
苏州唐人数码科技有限公司	60, 256	100%	4, 500. 00	13. 39
江苏名通信息科技有限公司	56, 500	100%	5, 000. 00	11. 30
北京武神世纪网络技术股份有限公司	93, 000	100%	6, 000. 00	15. 50
北京中科奥科技有限公司	74, 000	100%	7, 000. 00	10. 57
游久时代（北京）科技有限公司	118, 000	100%	10, 000. 00	11. 80
上海天游软件有限公司	95, 000	100%	9, 000. 00	10. 56
无锡七酷网络科技有限公司	85, 000	100%	9, 000. 00	9. 44
平均值				12. 27

（2）修正因素的确定

评估人员对目标公司即新娱兄弟公司和可比交易案例进行了分析，从盈利能力、营运能力、发展能力、偿债能力和交易日期五个方面对可比交易案例市盈率（P/E）进行了修正。目标公司即新娱兄弟公司和可比交易案例的盈利能力、营运能力、发展能力、偿债能力和交易日期上证指数分别统计如下表所示。为使比较口径相一致，评估人员在计算毛利率、应收款周转率、资产负债率指标时，均采用2013年各公司披露的审计报告所示数据。

可比交易案例公司	盈利能力	营运能力	发展能力	偿债能力	交易日期
	毛利率	周转率	净利润增长率	资产负债率	上证指数
深圳市酷牛互动科技有限公司	34.92%	10.22	25.00%	16.61%	2,023.74
上海火溶信息科技有限公司	96.17%	1.34	27.48%	26.08%	2,011.14
深圳市第一波网络科技有限公司	58.22%	2.39	27.48%	39.16%	2,105.06
苏州唐人数码科技有限公司	97.55%	367.27	18.32%	47.85%	2,217.20
江苏名通信息科技有限公司	73.22%	19.40	30.38%	35.43%	2,105.24
北京武神世纪网络技术股份有限公司	94.52%	7.17	30.00%	12.27%	2,070.36
北京中科奥科技有限公司	77.00%	3.23	25.36%	35.43%	2,105.24
游久时代（北京）科技有限公司	71.96%	12.00	20.00%	71.58%	2,047.46
上海天游软件有限公司	63.44%	2,109.29	24.72%	41.51%	2,004.95
无锡七酷网络科技有限公司	83.72%	2.15	34.99%	12.30%	2,004.95
目标公司	81.39%	72.71	31.00%	249.74%	2,363.87

（3）调整系数的确定

新娱兄弟公司作为比较基准和调整目标，将其各指标系数均设为100，可比交易案例各指标系数与目标公司比较后确定，低于目标公司指标系数的则调整系数小于100，高于目标公司指标系数的则调整系数大于100。

根据上述对调整因素的描述及调整系数确定的方法，各影响因素调整系数见下表：

可比交易案例公司	盈利能力	营运能力	发展能力	偿债能力	交易日期	修正系数	原交易P/E	调整后P/E
目标公司	100	100	100	100	100			
深圳市酷牛互动科技有限公司	94	97	94	108	98	1.10	12.50	13.78
上海火溶信息科技有限公司	103	92	97	107	98	1.04	15.00	15.56
深圳市第一波网络科技有限公司	95	94	97	104	99	1.12	12.60	14.13
苏州唐人数码科技有限公司	104	101	91	102	99	1.04	13.39	13.87
江苏名通信息科技有限公司	98	99	99	105	99	1.00	11.30	11.32
北京武神世纪网络技术股份有限公司	102	96	98	110	98	0.97	15.50	14.98
北京中科奥科技有限公司	99	95	95	106	99	1.07	10.57	11.27
游久时代（北京）科技有限公司	97	98	92	101	98	1.16	11.80	13.63
上海天游软件有限公司	96	102	93	103	98	1.09	10.56	11.48
无锡七酷网络科技有限公司	101	93	101	109	98	0.99	9.44	9.32
平均值							12.27	12.93

目标公司P/E由修正后P/E简单算术平均得出，故目标公司平均P/E =12.93。

4. 非经营性资产和溢余资产的确定

根据对目标公司经营情况的分析，新娱兄弟不存在溢余资产与非经营性资产。但其控股子公司存在的2项溢余资产，为购买中国工商银行理财产品，账面价值200万元。经评估这两项理财产品到期收回有保障，以核实的账面值为评估价值。同时，新娱兄弟公司对该子公司的持股比例为90%，故新娱兄弟公司享有上述非经营资产的价值为180.00万元。

5. 目标公司评估结果的计算

根据收益法预测2015年归属于母公司所有者净利润4,619.28万元，采用交易案例比较法计算得出新娱兄弟公司的市盈率（P/E）为12.93，因此新娱兄弟公司每股股权价值为：

新娱兄弟公司股权价值

=净利润×目标公司平均市盈率（P/E）+非经营性资产价值

=4,619.28×12.93+180

=59,925.75（万元）

采用市场法，新娱兄弟公司的股东全部权益价值599,257,500.00元。

案例来源：深圳证券交易所《四川长城国际动漫游戏股份有限公司拟收购股权涉及的北京新娱兄弟网络科技有限公司股东全部权益价值评估项目资产评估报告》。

二、许可费用节省法

1. 许可费节省法的思路

许可费节省法是通过估算一个假设的受让人如果拥有该无形资产，就可以节省许可费支出，将该无形资产经济寿命内每年节省的许可费支出通过适当的折现率折现，并以此作为该无形资产价值的一种评估方法。许可费节省法评估无形资产的关键点是许可费率的估算，可采用对比公司法或市场成交案例法来确定。

所谓对比公司法就是在国内上市公司中选择与被评估无形资产拟实施企业位于同行业的上市公司作为“对比公司”，对比公司应该也存在类似的无形资产，且其发挥作用的方式及功能相同或相似，具有可比性来。通过对比公司中相关无形资产所创造收益占全部收入的比例来估算对比公司相关无形资产的许可费率，再以对比公司相关无形资产许可费率为基准，估算被评估无形资产的许可费率。对比公司法确定许可费率的理论基础主要是贡献原则。基于同等价值资产创造相同价值收益的假设，可以得到以下计算等式：

无形资产对收益流的贡献

=全部收益流×（无形资产市场价值/全部资产市场价值）

=全部收益流×无形资产市场价值/（股权市场价值+债券市场价值）

公式中所指无形资产包括公司全部无形资产在内的资产组合。对于某项知识产权，即当企业无形资产包括不止一项知识产权，或者还有其他类型无形资产时，则需要进一步分析各种无形资产或知识产权在全部无形资产中的比重，将无形资产价值按相应比重进行再分割。

对比公司法的评估步骤如下：

（1）对比公司的选择。对比公司应是国内A股上市公司，且股票交易活跃，上市公开交易至少24个月以上，经营范围与被评估无形资产的企业相同或相似。如果所选择上司公司的规模、盈利状况、经营地域范围与被估无形资产的企业相同或相似，则更具可比性。

（2）衡量对比公司经营收益流的口径。有两种口径：一种是现金流口径；另一种是利润口径。大多数情况下选择现金流口径。

（3）对比公司企业价值和无形资产价值的确定。企业价值是指企业全部经营性资产的市场价值，计算公式如下：

全部经营性资产市场价值=股权市场价值+债权市场价值-非经营性资产净值

股权市场价值=流通股数×收盘价×（1-流通折扣率）

债权市场价值=流动付息负债账面值+长期负债账面值

股权流通性好，能够减少投资风险，增加投资收益机会。相对上市公司，被评估企业缺少流通性，需要考虑流通性折扣。研究表明，美国市场流通性折扣在30%左右，国内市场流通折扣在20%～35%，平均约25%的折扣水平。

（4）估算对比公司无形资产许可费率。计算对比公司的无形资产在全部资产中所占比重α；分析判断与被评估知识产权同类的知识产权在对比公司全部无形资产中的比例 β；则 α×β 表示在可比公司内与被评估知识产权相对应的知识产权占全部资产的比重。分析对比公司资料，得到对比公司某一年度税前毛现金流 EBITDA，与 α×β 相乘，得到对比公司相关知识产权所创造的年现金流收益。同理，可得到对比公司某一年度的销售收入 S。该年度对比公司相关知识产权的收益占销售收入的贡献率表示如下：

知识产权贡献收益占收入比率 = （α×β×EBITDA）/S

按照上述思路计算对比公司前 3～5 年的知识产权贡献比率，采用平均或权重方式确定对比公司知识产权收益贡献率。

（5）确定被评估知识产权的许可费率。按照上述方法估算出多家对比公司的相关知识产权的贡献比率，采用平均或者加权的方式，确定被评估知识产权的许可费率。

2. 许可费节省法的案例

案例： GC 电力技术公司拟以专利权对外投资项目资产评估

纳入本次评估的专利权共 4 项，均已授权公告，情况见下表：

序号	名称	专利号	专利申请日	授权公告日	类型
1	工作在……工作电源	ZL2005＊＊＊.1	2005 年＊月＊日	2006 年＊月＊日	实用新型
2	电力……计量模块	ZL2005＊＊＊.7	2005 年＊月＊日	2006 年＊月＊日	实用新型
3	小体积……计量装置	ZL2006＊＊＊.8	2006 年＊月＊日	2007 年＊月＊日	实用新型
4	一种……电能表	ZL2004＊＊＊.9	2004 年＊月＊日	2006 年＊月＊日	实用新型

本项目采用技术提成方法。技术提成方法认为在技术产品的生产、销售过程中，专利技术对产品创造的利润或者说现金流是有贡献的，采用适当方法估算确定专利技术对产品所创造的现金流贡献率，进而确定专利技术对产品现金流的贡献，再选取恰当的折现率，将产品销售收入中每年专利技术对现金流的贡献折为现值，以此作为专利技术的评估价值。

重点是确定专利技术的贡献率。

（1）对比公司选择。在上市企业中，选取具有同类产品的和相关技术的三家公司作为对比公司，分别是CC、GT和NR。假设以这三家上市公司作为未来技术受让方的可能蓝本或可比对象来分析被评估专利技术可能为其产生的收益。

根据上述三家对比公司2011—2015年9月的财务报告，可以得出对比公司的资本结构如下：

单位：万元

序号		1	2	3	4	5
对比公司		CC	GT	NR	平均值	五年平均
营运资金比重%	2011－12－31	42.2%	23.5%	32.0%	32.6%	24.98%
	2012－12－31	36.0%	16.1%	18.2%	23.4%	
	2013－12－31	30.0%	8.4%	11.6%	16.7%	
	2014－12－31	47.5%	39.5%	16.7%	34.6%	
	2015－09－30	30.4%	15.5%	6.9%	17.6%	
有形非流动资产比重%	2011－12－31	13.1%	11.3%	2.5%	9.0%	5.90%
	2012－12－31	7.9%	6.0%	8.0%	7.3%	
	2013－12－31	5.8%	1.3%	5.4%	4.1%	
	2014－12－31	8.8%	4.3%	9.1%	7.4%	
	2015－09－30	0.1%	1.2%	3.7%	1.7%	
无形非流动资产比重%	2011－12－31	44.7%	65.2%	65.4%	58.4%	69.12%
	2012－12－31	56.1%	77.8%	73.8%	69.2%	
	2013－12－31	64.2%	90.3%	83.0%	79.2%	
	2014－12－31	43.7%	56.2%	74.3%	58.1%	
	2015－09－30	69.4%	83.2%	89.4%	80.7%	

由于对比公司是电力设备制造企业，对于技术和资本的要求都比较高。同时对比公司无形资产是指企业全部的无形资产，不仅是用于生产制造的专利技术，而且包括其他如商标、商誉等在内的无形资产，通过分析确定本次评估的专利技术占全部无形资产的35%，再进一步计算得到专利技术占全部资本中的比例，并对比财务报表，得出下表：

对比公司	期间	无形非流动资产在资本结构中所占比例	无形非流动资产中技术所占比重	技术在资本结构中所占比重	相应年份的业务税息折旧/摊销前利润 EBITDA	技术对主营业务现金流的贡献	相应年份的主营业务收入	专利技术贡献率
CC	2011 年	44. 7%	35. 0%	15. 6%	3, 744. 7	585. 5	108, 887. 7	0. 54%
	2012 年	56. 1%	35. 0%	19. 6%	2, 727. 6	535. 4	120, 278. 2	0. 45%
	2013 年	64. 2%	35. 0%	22. 5%	2, 732. 8	614. 0	102, 157. 0	0. 60%
	2014 年	43. 7%	35. 0%	15. 3%	2, 409. 0	368. 4	106, 687. 9	0. 35%
	2015 年 1 -9 月	69. 4%	35. 0%	24. 3%	-2, 624. 2	-637. 5	484. 5	-131. 57%
GT	2011 年	65. 2%	35. 0%	22. 8%	2, 342. 1	534. 5	76, 429. 8	0. 70%
	2012 年	56. 2%	35. 0%	19. 7%	1, 960. 0	385. 7	166, 589. 8	0. 23%
	2013 年	56. 2%	35. 0%	19. 7%	430. 3	84. 7	192, 400. 8	0. 04%
	2014 年	56. 2%	35. 0%	19. 7%	-10, 320. 4	-2, 030. 8	164, 495. 7	-1. 23%
	2015 年 1 -9 月	83. 2%	35. 0%	29. 1%	-1, 813. 4	-528. 2	72, 642. 6	-0. 73%
NR	2011 年	65. 4%	35. 0%	22. 9%	10, 641. 7	2, 437. 3	74, 924. 5	3. 25%
	2012 年	73. 8%	35. 0%	25. 8%	13, 665. 5	3, 529. 1	89, 742. 6	3. 93%
	2013 年	83. 0%	35. 0%	29. 1%	13, 955. 3	4, 056. 4	108, 152. 7	3. 75%
	2014 年	74. 3%	35. 0%	26. 0%	6, 796. 5	1, 766. 3	93, 246. 3	1. 89%
	2015 年 1 -9 月	89. 4%	35. 0%	31. 3%	13, 545. 0	4, 239. 1	109, 920. 3	3. 86%

从上表中该企业可以看出，专利技术对现金流的贡献占销售收入的比例三个对比公司的平均值分别为 0. 48%、0. 32% 和 3. 34%（剔除负值）。三家对比公司为电力设备制造行业的代表性企业，其专利技术贡献率在一定程度上反映了国内该行业企业的专利技术贡献水平。考虑到产品的相似性，被估企业以三家对比公司的专利技术贡献率的加权平均值作为专利技术贡献率。

	CC	GT	NR
权重	0.3	0.3	0.4
技术贡献率	0.48%	0.32%	3.34
专利技术贡献率	1.58%		

通过上述专利技术贡献率的估算和对产品销售收入的预测，可以得出专利技术的收益贡献 = 专利技术产品年销售收入净值 × 专利技术贡献率。

三、市场法评估知识产权的局限

每种评估方法都有其适用范围，评估人员应根据评估对象的特点选择合适的评估方法，并且确保该方法的前提条件能够得到满足。由于知识产权资产本身的独特性，在使用市场法、收益法和成本法评估知识产权资产时，都面临诸多问题，导致评估结果不够合理，受到多方质疑。

市场法是以市场中可收集到的交易案例中，涉及相同或相似知识产权的交易价值分析确定被评估资产价值的方法。市场法是选择与评估对象相同或相似的多个资产，分析、比较差异，进行调整，以此估算评估对象价值的方法。

我国知识产权交易市场还没有完全发育，市场容量小、交易场所有限、交易规则不完善、交易体系不健全、信息匮乏等市场的不完全性严重阻碍了知识产权评估中市场法的运用。另外，由于知识产权的垄断性特征，以及知识产权之间的差异，市场上很难找到相同或类似的参照物。而且知识产权市场的交易并不活跃，很多企业的知识产权交易都是在严格保密的情况下进行的，交易的相关价格和细节数据很难通过市场收集到。例如，大部分的科技成果的出售或转换都只在交易双方私下进行，而没有相应的平台进行公开。即使能够获得相应数据，这些知识产权的成交价可能包含很多其他利益因素的影响，并不能作为合理的参照物。此外，即便是存在活跃市场找到类似的可比案例，对比较因素差异的调整也比较复杂。

一般来说，知识产权需要同其他资产共同作用产生价值，甚至有些情况下必须同特定资产共同作用。因此，在交易中知识产权也往往同其他资产一同交易，在这些交易案例中很难单独获取知识产权交易价格的相关信息。受市场环境和信息条件的双重制约，市场法的使用受到了很大的限制。

第六章　成本法评估知识产权

成本法评估知识产权，是基于劳动价值理论。知识产权成本包括研制或取得、持有期间的全部物化劳动和人力劳动的费用支出。知识产权成本特性，明显区别于有形资产，包括不完整性、弱对应性和虚拟性。因此，成本法用于知识产权评估，主要针对具备某些特殊背景下的知识产权。

一、成本法评估专利技术

在评估专利技术时，成本法是以摊销为目的的专利技术评估方法，多用在专利技术收益额无法预测和市场无法比较情况下的技术转让，其准确性较高。当企业通过自行研发取得技术成果，形成专利后，市场前景不明暂未作进一步开发时，可以采用成本法估计其价值。

成本法应用于专利评估，重要的在于分析计算其重置完全成本构成、数额以及相应的贬值率。专利资产分为外购和自创两种，外购专利资产的重置成本确定比较容易。自创专利资产的成本一般由研发费用、交易成本和专利费用三部分因素组成。

1. 研制成本

研制成本包括直接成本和间接成本两大类。直接成本是指研制过程中直接投入发生的费用，间接成本是指与研制开发有关的费用。

（1）直接成本

直接成本一般包括：

①材料费用，即为完成技术研制所耗费的各种材料费用；

②工资费用，即参与研制技术的科研人员和相关人员的费用；

③专用设备费，即为研制开发技术所购置或专用设备的摊销；

④资料费，即研制开发技术所需的图书、资料、文献、印刷等费用；

⑤咨询鉴定费，即为完成该项目发生的技术咨询、技术鉴定费用；

⑥协作费，即项目研制开发过程中某些零部件的外加工费以及使用外单位资源的费用；

⑦培训费，即为完成本项目，委派有关人员接受技术培训的各种费用；

⑧差旅费，即为完成本项目发生的差旅费用；

⑨其他费用。

（2）间接成本

间接成本主要包括：

①管理费，即为管理、组织本项目开发所负担的管理费用；

②非专用设备折旧费，即采用通用设备或其他设备所负担的折旧费；

③应分摊的公共费用及能源费用。

2. 交易成本

发生在交易过程中的费用支出，主要包括：

①技术服务费，即卖方为买方提供专家指导、技术培训、设备仪器安装调试及市场的开拓费；

②交易过程中的差旅费及管理费，即谈判人员和管理人员参加技术洽谈会及在交易过程中发生的食宿及交通费等；

③手续费，即指有关的公证费、审查注册费、法律咨询费等；

④税金，即专利资产交易、转让过程中应缴纳的营业税。

3. 专利费

专利费即为申请和维护专利权所发生的费用，包括专利代理费、专利申请费、实质审查请求费、维护费、证书费、年费等。

由于评估目的不同，其成本构成内涵也不一样，在评估时应视不同情形考虑以上成本的全部或一部分。成本法评估专利技术在计算贬值时，核心是考虑技术更新换代的速度。贬值率的确定主要依靠专家判断，给出专利技术的剩余经济寿命，大多数情况下专利技术的经济寿命比专利法定保护期限要更短。

此外，当企业进行专利许可时，可在多种付费方式中进行选择，包括一次性付费、按提成付费、入门费+提成等方式。如果企业没有自行实施专利技术的能力，急于将技术许可出去以收回前期成本，投入到后续研发之中，往往会要求一次性付费，或者收取入门费的方式，为企业争取一笔大额资金。因此，专利许可入门费的定价可以采用成本法思路。

案例：重邮信科专利技术及专有技术价值评估

委估无形资产为重邮信科拥有的 TD－SCDMA 无线终端核心技术及其与 TD－SCDMA 无线终端有关的其他技术和基于这些技术的知识产权。委估无形资产均为专利申请技术和专有技术。重庆信科公司分别向中华人民共和国知识产权局提出的发明专利申请，并及时缴纳了申请费及相关费用，中华人民共和国知识产权局对重邮信科提出的专利申请已出具《专利申请受理通知书》予受理。部分技术正在处在专利申请准备过程中，其余技术采用自我保护。

本次采用成本法评估重邮信科 TD－SCDMA 无线终端技术的价值。所申报待评估的无形资产的价值要素，主要有以下几方面：由其开发研制过程中投入的相关活劳动费用，如研发人员的劳务、工资福利和奖金等人工费用；物化劳动，如占用的相关计算机硬件设备、场所和耗费的水电能源等费用；及其相应的管理、文档资料的编制、评审等其他间接费用所构成。此外，还应考虑到因投入该软件产品的研发而占用了资本获取它项投资收益的机会报酬，或资本因投入该软件产品的研发而失掉获取它项投资收益报酬的机会损失或增加的投资机会成本，则应按社会或行业的平均报酬予以补偿。

假设开发成本在研制开发过程中均匀投入，本次评估采用基本模型如下：

重置成本 = 直接费用 + 间接费用 + 资金成本 + 合理利润

评估价值 = 重置成本 - 功能性贬值 - 经济性贬值

根据重邮信科提供的研制开发成本内容，我们将整个研制过程中必要而且合理的成本分为直接费用和间接费用两种。直接费用针对每一研制阶段，分为研制人员劳务费、设备和房屋旧费用、材料费用，无形资产摊销等，并将以上各项根据实际情况进一步分解，使费用具体化、明确化，其中无形资产的摊销是对公司成立时技术作价的摊销，我们把其单列出计算。间接费用针对整个研制过程，分为办公用品费用、招待费、公务费和其他费用等。

1. TD - SCDMA 无线通信终端技术的研发经费投入

根据重邮提供的历史财务资料，其对 TD - SCDMA 无线通信终端技术的研发经费投入共计 10，900.87 万元，投入详细情况见表 1。

表 1　TD - SCDMA 无线通信终端技术的研发费用明细（内容略） 单位：元

项目	2000 年	2001 年	2002 年	2003 年	2004 年	2005 年	2006 年	2007 年 1 - 7 月	合计
公司经费									
人员工资及附加									
差旅交通费									
固定资产折旧									
……	……	……	……	……	……	……	……	……	……
其他费用									
合计									

2. 直接费用

①研发人员及管理人员劳务费

在重置成本的计算中，评估人员调查了 TD－SCDMA 通信终端研发行业不同级别人员的平均薪水水平，向研发人员了解委估软件开发人员使用数量情况、开发时间情况，对其开发过程划分为几个阶段，同时向专家咨询类似技术的研发人员、时间等消耗情况，根据合理的工作量重新安排人员和时间，并且按平均薪资水平计算人员工资支出情况。

劳务费计算公式为：

劳务费＝研发人员工资＋各项保险＋职工福利费

研发人员工资＝开发时间×人数×平均月薪

除人员工资外，重置成本还考虑了应该由企业负担的各项保险和应提取的职工福利费，其中福利费14%，职工教育费1.5%，住房公积金7%，生育保险1%，工伤保险1%，养老保险20%，失业保险2%，医疗保险9%。各项保险和职工福利费计提的基数为实际工资水平，但根据2006年重庆劳动与社会保障局通知的限额标准，月薪高于4803元的部分不计提各项保险。

表2 历年研发及相关管理人员人数（内容略）

部门	人员类别	2000年	2001年	2002年	2003年	2004年	2005年	2006年	2007年（1－7月）
管理部门	总经理层								
	部门经理								
	一般人员								
……	……								
	……								
研发部	管理层								
	核心人员								
	研发人员								

表 3 2007 年芯片行业工资标准

部门	人员类别	行业平均工资标准（元/月）
管理部门	总经理层	60,000.00
	部门经理	13,100.00
	一般人员	5,000.00
……		
	……	……

工资标准统计数据来源于以下 15 家同行业公司：北京 NEC 集成电路设计有限公司、北京希格玛晶华微电子股份有限公司、无锡华润微电子有限公司、比亚迪股份有限公司……深圳市中兴集成电路设计有限责任公司、珠海炬力集成电路设计有限公司。

根据重邮信科技术人员投入数量、实际研发周期及行业平均工资标准计算确定研发人员及相关管理人员劳务费用：

劳务费 = 研发人员工资 + 各项保险 + 职工福利费

= 103，588，800.00 + 19，524，868.89 + 16，056，264.00

= 139，169，932.89（元）

②设备及房屋折旧费用

经了解，委估专有技术开发研究过程中用到的设备主要包括各种计算机、笔记本电脑、服务器、打印机、复印机、传真机和低值易耗品等。由于存在物价波动，这部分费用以实际发生额为基数，根据物价指数对其进行一定的调整，使之更符合重置成本计算的标准。

表 4 历年物价指数

年份	居民消费价格指数	城市居民消费价格指数	农村居民消费价格指数	商品零售价格指数	工业品出厂价格指数	原材料、燃料、动力购进价格指数	固定资产投资价格指数
1978	100.7	100.7		100.7	100.1		
1980	107.5	107.5		106.0	100.5		

续表

年份	居民消费价格指数	城市居民消费价格指数	农村居民消费价格指数	商品零售价格指数	工业品出厂价格指数	原材料、燃料、动力购进价格指数	固定资产投资价格指数
1985	109.3	111.9	107.6	108.8	108.7		
……	……	……	……	……	……	……	……
2005	101.8	101.6	102.2	100.8	104.9	108.3	101.6
2006	101.2					104.2	
2007年7月	105.6					103.5	

资料来源：国家统计局。

根据每年的消费价格指数（CPI）求得调整系数：

调整系数 = 评估基准日的CPI/基期的CPI

表5　折旧费用调整系数

年份	2000	2001	2002	2003	2004	2005	2006	2007.7
调整系数	1.1427	1.1347	1.1439	1.1303	1.0879	1.0687	1.0560	1.0000

表6　折旧费用计算表　　单位：元

年份	2000	2001	2002	2003	2004	2005	2006	2007.7
实际发生费用	116,501.60	644,266.13	700,876.55	783,964.63	858,999.71	1,405,538.31	1,397,414.59	741,515.63
调整系数	1.1427	1.1347	1.1439	1.1303	1.0879	1.0687	1.0560	1.0000
重置价值	133,125.52	731,080.57	801,733.07	886,143.85	934,512.74	1,502,059.44	1,475,669.81	741,515.63

该项目的设备折旧费用 =7,205,840.61（元）

③材料费用

对于材料费用，我们无法取得当年实际消费的材料明细，无法确定其重置价值，我采用以当年实际发生的费用为基础，根据原材料价格指数对当年的实际发生费用进行调整，求得材料费用的重置价值：

我们根据每年的原材料、燃料、动力购进价格指数（国家统计局数据），求得调整系数。

$$调整系数=\frac{评估基准日原材料、燃料、动力购进价格指数}{基期原材料、燃料、动力购进价格指数}$$

表7　材料费用的调整系数

年份	2000	2001	2002	2003	2004	2005	2006	2007.7
调整系数	1.3296	1.3322	1.3636	1.3011	1.1680	1.0785	1.0350	1.0000

表8　材料费用计算表　　　　单位：元

年份	2000	2001	2002	2003	2004	2005	2006	2007.7
实际发生费用	114,986.40	176,035.56	133,630.02	140,433.10	215,529.80	770,522.01	2,903,351.69	260,680.20
调整系数	1.3296	1.3322	1.3636	1.3011	1.1680	1.0785	1.0350	1.0000
重置价值	152,881.38	234,518.96	182,216.22	182,722.15	251,735.14	830,984.87	3,004,969.00	260,680.20

该项目的材料费用=5,100,707.93（元）

直接费用=研发人员及相关管理人员劳务费用+折旧费用+材料费用

=139,169,932.89+7,205,840.61+5,100,707.93

=151,476,481,43（元）

3. 间接费用

间接费用包括业务费、公务费、招待费及其他费用等，是项目研发过程中所必须支出的差旅、交通、办公、会务、评审等费用。评估人员根据原始的费用构成情况，扣除了不必要及不合理的支出部分，并考虑现行物价水平合理估算间接费用，根据实际发生的间接费用，乘以物价调整系数，取得间接费用的重置价值。

表 9　间接费用调整系数

年份	2000	2001	2002	2003	2004	2005	2006	2007.7
调整系数	1.1427	1.1347	1.1439	1.1303	1.0879	1.0687	1.0560	1.0000

表 10　间接费用计算　　单位：元

年份	2000	2001	2002	2003	2004	2005	2006	2007.7
实际发生费用	1,345,506.33	2,442,386.63	3,005,095.63	3,882,890.62	5,707,445.29	5,212,507.63	5,575,862.98	4,640,597.98
调整系数	1.1427	1.1347	1.1439	1.1303	1.0879	1.0687	1.0560	1.0000
重置价值	1,537,510.08	2,771,496.63	3,437,530.54	4,388,973.04	6,209,175.94	5,570,460.95	5,888,111.31	4,640,597.98

该项目的间接费用 = 34,443,846.51（元）

4. 公司成立时的技术对价

从1998年，重庆邮电学院就开始从事TD－SCDMA无线终端技术研发，在2000年10月，成立了重庆重邮信科股份有限公司，两年的研发成果作价3,144万元进入该公司，相对于评估基准日，2000年的研发人员的工资及各种费用的价格远远低于评估基准日的标准，若用其原来公司成立时的作价作为其重置价值，将会低估TD－SCDMA无线终端技术的价值。我们根据评估基准日综合物价水平与2000年进行对比，对公司成立时的技术作价进行合理的调整，使之趋于合理。

技术对价的重置价值 = 31,440,000.00 × 1.1427 = 35,926,255.06（元）

5. 资金成本

专有技术开发过程中占用了一定数量的资金，从机会成本的角度来看，该部分资金有其相应的资金成本。假设开发者以正常的渠道贷款进行开发，资金成本应为相应期间的贷款利息。根据项目的情况，项目的开发周期约为八年到十年，评估人员确定以中长期贷款（五年以上）利率计算资金成本，同时假设开发费用在开发过程中均匀投入，年利率取7.56%，计算公式为：

资金成本＝（直接费用＋间接费用＋技术对价）/2×7.56%/12×开发时间

＝（151,476,481,43＋34,443,846.51＋35,926,255.06）/2×7.56%/12×82

＝57,302,972.39（元）

6. 合理预期利润

评估人员根据国务院国有资产监督管理委员会统计评价局编制的《2007年企业绩效评价标准值》公布的数字，以及通信行业上市公司的盈利水平，选取适当的利润率水平，确定成本费用利润率为24.2%。

预期利润＝（直接费用＋间接费用＋公司成立时的技术对价＋资金成本）×24.2%

＝67,554,192.40（元）

7. 功能性贬值及经济性贬值

委估专有技术所属的TD－SCDMA无线通信终端技术领域从全球范围看尚处于不断完善、发展的阶段，因此在本次评估中未确认功能性贬值及经济性贬值。

8. 评估价值的确定

重置成本＝直接费用＋间接费用＋技术作价＋资金成本＋合理预期利润

＝151,476,481,43＋34,443,846.51＋35,926,255.06

＋57,302,972.39＋67,554,192.40

＝346,703,747.78（元）

评估价值＝重置成本－功能性贬值－经济性贬值

＝346,703,747.78－0－0

=346,703,747.78（元）

经采用成本法评估，委估技术的评估价值为34，670.37万元。

案例来源：百度文库《无形资产评估技术说明——成本法》。

二、成本法评估商标权

商标是企业质量信息的承载物，是企业品牌价值的载体，企业开展营销策划、广告宣传、渠道推广等活动的开支，都是商标资产形成过程中价值的构成因素。作为企业主营业务或主打产品使用的商标，正常情况下其市场价值远远高于成本构成。但在企业面临破产清算时，商标资产的市场价值会大打折扣，采用成本法来计算商标清算价值，更加合理。

另外，是企业申请注册后未推广使用的商标或特殊用途商标，如联合商标和防御商标等，可以采用成本法。这类商标的成本主要包括设计费用、注册费用和维护费用等。此外，采用成本法评估商标时，贬值问题需要特殊处理。对于企业正常使用的商标，时间越长，积累的品牌价值越高，商标价值不是贬值反而会呈现非线性增长的规律。对于作用特殊而未大范围使用的商标，由于商标可以通过续展实现无限期有效，因而可不考虑贬值。

案例：广东万家乐股份有限公司拟用于出资涉及的“万家乐”和“乐万家”系列商标的商标权价值评估

本次评估对象为广东万家乐股份有限公司拟用于出资涉及的“万家乐”和“乐万家”系列商标的商标权价值。“万家乐”和“乐万家”系列商标共89项，其中注册商标78项，已受理商标注册申请11项。

评估基准日时，78项注册商标和11项商标注册申请的注册人均为广东万家乐股份有限公司，评估对象中的78项注册商标均处于有效期以内，

11项商标注册申请均已取得国家工商行政管理总局商标局签发的《注册申请受理通知书》。

评估对象中核定使用商品范围类号为第11类的11项注册商标，自注册以来一直用于各种燃气热水器、电热水器、炉具、灶具、抽油烟机、消毒碗柜等家电产品。评估基准日时，经广东万家乐股份有限公司授权许可，授权广东万家乐燃气具有限公司、佛山万家乐电器有限公司、天津市万联恒达热能科技有限公司和北京万联恒通科技有限公司等单位在授权范围内使用该部分注册商标，广东万家乐股份有限公司收取商标使用费；广东万家乐股份有限公司未直接使用该等商标。

上述使用商品范围类号为第11类的11项注册商标以外的67项注册商标，评估基准日时基本未使用，或虽已使用但未产生明显的超额收益。

在此次评估中，选用了以下评估方法：

对于正在使用的商标权，考虑到近年来“万家乐”系列商标权的使用主要采取授权许可方式利用，并由广东万家乐股份有限公司收取商标使用费，经核实历史商标权收益数据资料，经分析数据完整、收费基本合理，且已签订有关商标权许可合同，符合收益法评估所需的相关条件，故对该部分商标权采用收益法进行评估。

对于未使用或基本未使用的商标权，考虑未来数年该等商标权的利用状况与目前基本趋同，短期内预计不会为企业带来超额收益，不符合收益法适用的基本条件，同时考虑商标设计、注册登记等费用可以搜集，可以以相关成本费用为基础采用成本法进行评估，结合本次评估目的系委托方向子公司出资的实际情况，故对该部分未使用的商标权采用成本法进行评估。

商标权评估明细表

评估基准日：2010年10月31日　　　　　　　　　　　　　　　　　单位：元

<table>
<tr><th>序号</th><th>商标名称</th><th>注册人</th><th>注册号</th><th>有效期</th><th>核定商品类号</th><th>产品使用范围</th><th>评估价值</th></tr>
<tr><td>1</td><td>万家乐</td><td>广东万家乐股份有限公司</td><td>600724</td><td>2012/6/29</td><td>11</td><td>燃气暖炉、燃气烘炉、燃气炉、燃气空调机、电饭煲、电风扇、电炉、抽油烟机</td><td rowspan="6">79,904,500.00</td></tr>
<tr><td>2</td><td>万家乐</td><td>广东万家乐股份有限公司</td><td>652484</td><td>2013/8/6</td><td>11</td><td>电子消毒碗柜、饮用水消毒滤清器、抽油烟机</td></tr>
<tr><td>3</td><td>万家乐</td><td>广东万家乐股份有限公司</td><td>725985</td><td>2015/1/20</td><td>11</td><td>煤气灯、水暖设备、供水设备</td></tr>
<tr><td>4</td><td>V. Macro</td><td>广东万家乐股份有限公司</td><td>1618105</td><td>2011/8/13</td><td>11</td><td>热水器、燃气热水器、电热水器、煤气灶、冰箱、空气调节装置、厨房用抽油烟机、微波炉、太阳能热水器、消毒碗柜</td></tr>
<tr><td>……</td><td>……</td><td>……</td><td>……</td><td>……</td><td>……</td><td>……</td></tr>
<tr><td>11</td><td>万家乐</td><td>广东万家乐股份有限公司</td><td>5573825</td><td>2019/8/6</td><td>11</td><td>高压锅（电加压炊具）、电压力锅（高压锅）、……饮水机</td></tr>
<tr><td>12</td><td>万家乐</td><td>广东万家乐股份有限公司</td><td>679117</td><td>2014/2/27</td><td>1</td><td>未加工人造树脂，未加工的塑料</td><td>1,700.00</td></tr>
<tr><td>13</td><td>万家乐</td><td>广东万家乐股份有限公司</td><td>589776</td><td>2012/4/9</td><td>2</td><td>印刷油墨、丝网电路板阻焊油墨、家具漆、涂料</td><td>1,000.00</td></tr>
</table>

续表

序号	商标名称	注册人	注册号	有效期	核定商品类号	产品使用范围	评估价值
14	万家乐	广东万家乐股份有限公司	737141	2015/3/27	2	染料、颜料、食品用染料、食品用色素……	2,200.00
…	……	……	……	……	……	……	……
78	万家乐	广东万家乐股份有限公司	769892	2014/10/13	42	住所、旅馆、建筑业、室内装饰设计、……爱畜饲养	2,000.00
79	万家乐	广东万家乐股份有限公司	5573824		9	见注册申请受理查询信息	4,000.00
80	macro	广东万家乐股份有限公司	8071341		20	见注册申请受理查询信息	4,000.00
……	……	……	……	……	……	……	……
89	万家乐	广东万家乐股份有限公司	8544263		8	见注册申请受理查询信息	4,000.00
合计							80,089,000.00

委估资产广东万家乐股份有限公司拥有的拟用于向广东万家乐燃气具有限公司出资的89项商标权的评估值为人民币8,008.90万元，大写人民币捌仟零捌万玖仟元。

案例来源：深圳证券交易所《广东万家乐股份有限公司拟用于出资涉及的“万家乐”和“乐万家”系列商标的商标权价值的资产评估报告书》。

三、成本法评估著作权

关于著作权，对企业来说主要评估对象是计算机软件著作权。软件一般仅包括著作权，不含专利权和商标权因素。如果企业自行开发的软件，由于企业规模小，推广能力有限，使得软件产品销售不佳且市场占有率低，即软件产品尚未被市场认可的情况下，软件著作权价值采用成本法更加合理。此外，国际上一般也使用成本法进行软件评估，尤其是对专用软件或自用软件进行评估时，采用成本法比较具有说服力。成本法评估软件著作权，使用最多的是 COCOM 模型法，即构造性成本模型，1981 年由勃姆提出。该模型对系统软件、大型专业应用软件、刚开发完成还未进入市场的软件产品以及不以交易为目的的自用软件，都可以采用。COCOM 模型包括产品属性、计算机属性、人员属性和项目属性四类共 15 项成本驱动因素，这 15 类因素影响计算机软件的开发成本 C1 和维护成本 C2，两种成本之和 C1 + C2，即为计算机软件成本评估值 P。

四、成本法评估知识产权的局限

利用成本法进行评估就是要取得知识产权获得前所实际发生的成本，以此作为其价值评估值。成本法评估知识产权价值时，其成本的计算可以采用历史成本法和重置成本法两种方法。历史成本是知识产权开发时的实际支出成本，采用历史成本法可以满足客观、一致、谨慎原则，如果企业对被评估的知识产权历史开发成本有翔实的记录，可以对历史成本进行调整，加入通货膨胀、货币时间价值等因素，折算成现值来反映该知识产权的总成本。然而在实际应用中，历史成本的取得是很困难的，企业对开发费用的记录不一定详细、真实，如果可以获得原始记录，评估人员也需要区分为维持知识产权价值而耗费的成本及为增加它的价值而投资的成本，分离出归属于开发该项知识产权相关的研究、开发费用，使获得的历史成本准确而全面

鉴于历史成本可能失去现有效用，所以在实务中大多采用重置成本法，重置成本是以现价为基础，假定再构建一个与被评估知识产权相同的

资产所耗费的成本，避免了将历史成本转换成现价的问题，然而由于知识产权的唯一性和专有性，很难有现价依存，重置成本的计算存在一定的主观性。对于自创性知识产权，其成本构成中很大一部分取决于智力劳动成本，资本化智力劳动成本更是没有统一的标准，这种虚拟性使得想要准确的计量知识产权的成本更加困难。举例来说，对于像专利这样的技术性研发，除了在创造过程中需要的一些设备，资金的投入外，还需要创造人的时间和脑力。前两者可以统计，但是对于活劳动的时间价值和脑力价值的测度是没有标准或者说是无法测量的。

运用成本法，还需要估算其贬值额。实体性贬值需要预测知识产权的剩余经济寿命，经济寿命的预测有很大的不确定性，完全依据其法定寿命或契约寿命则有失客观性。某项知识产权的开发是企业非公开进行的，某项技术很可能会在没有预料的情况下被新的技术代替，新技术出现后产生的潜在竞争会影响知识产权的剩余经济寿命，评估师很难对未来做出准确预测，因此，功能性贬值额的计算也有一定的困难。而经济性贬值在普通资产评估中都是难以准确测算的，对于知识产权评估而言，同样也是难点之一。

成本法更大的问题在于：投入的成本与知识产权的未来收益能力之间没有必然联系，即所谓的弱对应性。如果研发的产品，不适用现实的生产要求的需要，不能将科研成果进行产业化，那此项创新的成果没有任何收益，也就毫无价值。比如，一种专利药品在开发时耗资巨大，但可能由于无法获得有关部门批准因而不能投入市场。然而低投入却可能由于被人们广泛使用而产生巨额的利润，如智能手机上的安卓系统，是以安迪为首的六人团队，仅用数个月时间开发完成了系统的最早雏形。知识产权作为一种创造性的劳动成果，是唯一的、不可复制的劳动，知识产权的专有性使成本法评估结果的合理性受到了很大的挑战，从这一点来看，成本法确实难以满足实际需要。因此，成本法在评估知识产权应用中有很大的局限性。

第七章　收益法评估知识产权

收益法是知识产权评估实践中最常用的一种方法。收益法评估知识产权的三要素是超额收益、折现率和收益期限。

一、知识产权的收益额

基于知识产权的无形性特征，知识产权要为企业带来经济收益，必须与其他有形资产相结合。因此，知识产权收益额是指由知识产权给企业带来的超额收益。在估算知识产权超额收益时，应当注意区分并将知识产权以外因素产生的收益扣除出来，这点非常关键。超额收益的确定，由直接估算和间接估算两种路径。

1. 直接途径

直接估算知识产权的超额收益，可根据超额收益产生原因，划分为三类：产品销售价格上升，产品销售量增加，产品成本降低。如果知识产权的使用导致多方面因素发生变化，则将多个因素同时考虑进来，即

超额收益 $R=[(P_2-C_2)Q_2-(P_1-C_1)Q_1](1-T)$

其中，P_2——使用知识产权后的单位产品价格；

P_1——使用知识产权之前的单位产品价格；

C_2——使用知识产权之后的产品单位成本；

C_1——使用知识产权之前的产品单位成本；

Q_2——使用知识产权之后的产品销售量；

Q_1——使用知识产权之前的产品销售量；

T——所得税税率。

此外，还可以采用差额法来直接估算超额收益。将使用知识产权企业的收益水平，与所在行业平均收益水平进行比较，即得到知识产权产生的超额收益。即：

$$超额收益 = 企业净利润 - 企业净资产 \times 行业平均净利润率$$

2. 间接途径

间接估算一般采用分成率法。分成率包括销售收入分成率和销售利润分成率。计算知识产权的收益额时，公式如下：

$$\begin{aligned} 收益额 &= 销售收入 \times 销售收入分成率 \times (1 - 所得税税率) \\ &= 销售利润 \times 销售利润分成率 \times (1 - 所得税税率) \end{aligned}$$

从上述公式中可知，如何确定分成率是重点。以专利技术分成率为例，分成率的确定主要有三种途径：

其一，边际分析法。该方法思路是，确定知识产权受让方运用知识产权前后两种经营条件下的利润差额，与其在使用知识产权后的总利润相比，作为知识产权的利润分成率。边际分析法具体步骤是：首先对知识产权边际贡献因素进行分析，分别计算知识产权使用期间受让方利润总额的增量和利润总额，并各自折现。将利润总额增量的现值与利润总额现值的比值，即得到利润分成率。计算公式表示如下：

$$利润分成率 = \frac{\sum 使用知识产权后新增利润现值}{\sum 使用知识产权后利润总额现值}$$

边际分析法的明显不足是，在实践中技术资产所形成的利润增量很难直接求取。如果直接求取可行，则不需要采取这种间接途径获得超额收益的值。因此，边际分析法更多的是一种理论方法。

其二，采用三分法（或四分法），将技术对利润的贡献从整体资产中分离出来。三分法认为企业所获得利润是资金、技术和经营能力三个要素的综合结果。技术所创造利益，应考虑技术本身状况和企业状况来决定，一般应占总利润的 1/3 左右。四分法则认为对利润做出贡献的要素可归纳为资金、劳动、技术和管理，技术所创利益应占 25% 左右。劳动包括体力和智力劳动者，其素质高低必然影响企业盈利能力。现代企业中管理人员和技术人员都是以智力劳动为主，大多数情况下，管理人员和技术人员不参与企业利润分配，是企业经营能力的体现，因此劳动要素和管理要素合并为经营要素。我国评估行业多数工作人员更认可三分法。

其三，行业惯例法。联合国工业发展组织对各国技术贸易合同的分成率做了大量调查统计，结果显示分成率的一般取值范围为 0.5% ~10%（分成基数为销售收入），该结果在世界范围的技术贸易实践中得到了验证，被各国所认可。进一步发现分成率的行业特征十分明显，即不同行业的分成率取值范围有较大差别。例如：石油化工行业为 0.5% ~2%，制药行业为 2.5% ~4%，汽车行业 4.5% ~6%，光学及电子产品 7% ~10%。在评估实践中，经常使用到利润分成率，可根据销售收入分成率和行业平均利润率进行转化。联合国工业发展组织认为利润分成率在 16% ~27% 是合理的。我国理论工作者和评估人员通常认为利润分成率在 25% ~33% 比较合理。

这些数据对十几评估业务具有重要参考价值，但实际评估需要结合专利情况进行具体分析。常见方法是在行业专利技术分成率的取值范围基础上，确定调整系数，得到最终的分成率。

计算公式为：$R = m + (n - m) \times r$

其中：R 为待估专利技术的分成率；m 是分成率取值范围下限；n 是分成率取值上限；r 为分成率的调整系数，该系数需要进行测评给出。调整系数 r 的确定，往往采用专家判断或者列表打分的方法，考虑因素包括法律因素（专利类型及法律状态、保护范围、侵权判定）、技术因素（技术所属领域、替代技术、先进性、创新性、成熟度、应用范围、技术防御力）以及经济因素（成本因素、供求关系）等。在实际评估中，行业惯例法是计算分成率最常用的方法。

二、知识产权评估的折现率

折现率一般由无风险报酬率和风险报酬率两部分组成。总体来看，知识产权等无形资产的投资收益高，风险性更强，因此知识产权评估中折现率往往要高于有形资产评估的折现率。在评估知识产权时，注意根据知识产权的不同类别情况，分析未来收益的影响因素，科学估算风险报酬率。尤其要注意，知识产权折现率的口径要与知识产权超额收益的口径保持一致。

无风险报酬率体现了资金的时间价值，是在没有任何风险的情况下资金被占用的基本报酬水平，一般以社会平均报酬率来度量。在我国开展资产评估，计算无风险报酬率一般选取当年的国债利率，换算为复利计算的年利率。

风险报酬率的本质，是投资者对其所承担风险而要求的超额回报率，故又名风险升水。风险越大，投资者要求或者期望的回报率就越高，即所谓“高风险高回报”。但是，当任何一项风险增大到一定程度，如果超过了投资者事先设定的风险临界值时，则不能简单地以提高风险报酬率来应对，而是应作为对投资项目的否定性指标。风险报酬率的确定更加复杂，在此介绍三种方法：

1. 风险累加法

对专利资产投资而言，风险报酬率应考虑技术风险、市场风险、资金风险和管理风险，分别转化为报酬率进行累加求和确定。根据知识产权自身的特点，参考已有评估案例或行业惯例，不同类别风险的报酬率取值在一定范围内，具体数值根据评测表求得。从目前评估实践来看，风险报酬率的估计虽然有表格评测作为依据，但主要还是依赖于经验判断，存在较多的主观因素。

2. 资本资产定价模型

资本资产定价模型简称 CAPM，该模型认为资本市场是一个充分竞争且处于均衡状态的市场，资产的风险来源包括系统风险和非系统风险两大类。非系统风险可以通过多种资产组合消除，但系统风险无法消除。因此，对于任何资产组合而言，无法消除的系统风险是影响预期收益的主要因素。CAPM 模型为投资者找到投资收益与风险之间的线性关系，为确定风险报酬率提供了一条解决途径：β 系数法，数学表达式为

$$Ri = Rf + \beta i(Rm - Rf)$$

其中，Ri 为第 i 项资产的风险报酬率；Rf 为无风险报酬率；Rm 为市场期望报酬率；（$Rm - Rf$）为市场风险溢价；βi 为第 i 项资产的贝塔系数；$\beta i(Rm - Rf)$ 为风险报酬率。

CAPM 模型主要应用于企业价值评估中折现率的确定，更确切地说，求出的折现率是股东权益折现率。专利等知识产权属于无形资产，在《资产评估准则－无形资产》中指明“无形资产折现率应当区别于企业或者其他资产的折现率”。因此，通过 CAPM 直接计算出来的股东权益折现率不能直接作为知识产权的折现率。股东权益折现率的作用是，在使用 WACC 模型计算企业整体资产折现率时提供股权折现率 Re 的值。接下来要解决的问题是，如何运用 WACC 模型，从整体资产折现率中得到无形资产的折现率，最终得到相应知识产权的折现率。

3. 加权平均资本成本模型

加权平均资本成本模型简称 WACC，该模型认为企业全部资本是由股东权益和企业负债两个部分构成的，将这两部分要求的回报率进行加权平

均，得到企业整体资产折现率。数学表达式为

$$R = \frac{E}{D+E} \times R_e + \frac{D}{D+E} \times R_d \times (1-T)$$

其中，$\frac{E}{D+E}$为权益资本所占比例；$\frac{D}{D+E}$为债务资本所占比例；R_e 为权益资本回报率；R_d 为债务资本回报率；T 为所得税税率。其中，D、E 和 T 都比较容易得到。R_e 可以采用上述 CAPM 模型计算出来。R_d 可用长期债券收益率和短期债权收益率计算加权平均值得到。

WACC 计算出的折现率是企业整体价值折现率。无形资产评估准则中只出了无形资产折现率和企业或者其他资产折现率都不一样。因此，WACC 模型得到的折现率直接作为无形资产折现率是明显不合理的，需要利用整体价值折现率进一步反推出无形资产折现率。

首先，从资本结构角度简单解析资产负债表。资产负债表的右边，体现了企业资本来源，包括股东投资和借款两种方式，对应着股东权益和负债两部分。WACC 模型正是利用了资产负债表的这个性质。资产负债表的左边，给出了企业资金的去向，即转化成了何种资产状态。从资产构成的角度来看，企业整体资产包括三大类：流动资产、固定资产和无形资产。因此，加权平均资本成本模型表达式从资产负债表的左边来解析，可以表示为

$$R = W_c \times R_c + W_f \times R_f + W_i \times R_i$$

其中，W_c 为流动资产所占比例；W_f 为固定资产所占比例；W_i 为无形资产所占比例；R_c 为流动资产的期望回报率；R_f 为固定资产的期望回报率；R_i 为无形资产的期望回报率。目标是得到无形资产回报率 R_i，利用上述公式反推得到：

$$R_i = (R - W_c \times R_c - W_f \times R_f) / W_i$$

R_i 是无形资产折现率，知识产权只是无形资产的一种重要表现形式。因此，将无形资产折现率直接作为知识产权的折现率，必须满足一定条

件：当专利等知识产权是企业无形资产的唯一表现方式，或者在企业无形资产中所占比例在80%以上时，才可以直接替代。当企业有多项知识产权或者无形资产时，必须在无形资产折现率基础上，再做进一步分析和调整。

三、知识产权评估的收益期限

收益期限也称有效期限，是指知识产权发挥作用获得超额收益的时间。基于知识产权的法律性特征，知识产权资产具有多个时限，如至少包括法定保护期限、经济寿命期限和合同约定期限三种。因此，在评估知识产权确定收益期限时，采用的是孰短原则。此外，知识产权不存在有形损耗，但随着时间推进会产生无形损耗。如新的替代性知识产权出现，或者知识产权传播范围扩大使其独占性减弱，以及知识产权相关产品的市场需求下降，都会引起知识产权收益期限缩短，导致知识产权价值下降，这些情况都需要予以考虑。

但对于商标而言，为企业带来超额收益的期限明显不同于专利技术。商标一旦注册成功，具有十年的有效期，且这十年之中没有期间费用。十年到期后需要继续使用，商标注册人可以申请续展。因此，理论上企业可以无限年期地持有一项商标权。故此，在采用收益法评估商标时，商标的收益期可以假设为无限年限。当然，这里是针对商标权转让等情况，如果交易内容是商标许可，则以合同中约定的许可期限为准。

此外，企业知识产权还包括软件著作权。法人作品的著作权有限期为作品首次发表后的50年。在计算软件著作权收益期时，除了要考虑著作权的法律保护期，更重要的是软件在市场中的生命周期，大多数软件需要及时升级换代，否则无法满足日新月异的顾客需求。因此，软件著作权的收益期，以软件剩余经济寿命期为主，且该期限往往远小于著作权保护期。

收益法评估知识产权，超额收益、折现率和收益期是三项基础要素。

在三要素得到确定的基础上，将各期超额收益在收益期限内进行折现，折现额累加起来即得到知识产权的估值。

四、收益法评估知识产权的案例

案例：金智科技拟转让拥有的计算机软件著作权项目评估报告

根据金智科技的委托要求，金智科技拟转让其拥有的金智高校管理集成与服务系统软件 V1.0 的著作权。本次评估的目的是确定金智科技的该项计算机软件著作权于评估基准日的市场价值，为转让提供价值参考。

根据评估人员的了解，本次评估的计算机软件仅包括著作权或版权，没有专利权、专有技术和商标权。

1. 评估方法的选择

软件类无形资产通常表现为科技人员的创造性智力劳动成果，其价值与成本不具有对应性，很难以劳动力成本来衡量其价值，本次评估的软件也很难计算重置成本，不适宜采用成本法。据调查，国内类似软件版权的交易案例很难收集，本次评估也没有找到可对比的历史交易案例及交易价格数据。鉴于以上评估方法的局限性，本次评估无形资产确定采用收益法。收益法是通过将无形资产创造的预期现金流收益折现以确定其价值的评估方法。

折现现金流方法具体可分为如下步骤：

(1) 确定软件经济寿命期，预测经济寿命期内软件产品销售收入和成本；

(2) 计算软件对销售收入的贡献；

(3) 考虑该现金流的风险因素和资金时间价值等因素，确定适当的折现率；

(4) 将经济寿命期内软件对销售收入的贡献折成现值并加总，确定软件的市场价值。

2. 软件著作权经济寿命确定

根据国家《计算机软件保护条例》的规定，计算机版权的保护期为50年。但计算机版权是有经济寿命周期的，且经济寿命短于版权法定保护期。目前计算机技术及系统平台发展的速度，更新换代时间为3～5年，对于一般的软件，其经济寿命会相应地与计算机技术及系统平台的更新同步。本次委估的计算机软件属于高校信息化软件，对可靠性要求较高，判断该软件的经济寿命可以达到5年。委估软件是2006年投入开发的，并在2008年投入使用，从评估基准日计算，在今后的2年零3个月内不会完全被更为先进的软件所取代。

3. 软件著作权的收益方式

软件著作权通过将核心技术融入具体软件产品之中，再进行市场推广和销售。作为企业产品或提供服务的手段，通过开发的产品或提供服务来实现无形资产的收益，我们称其为无形资产的直接型收益。软件的收益分成实际上也是对整个产品销售收益的贡献，直接收益型软件的收益分成为：

软件收益分成

＝无形资产产品销售收入－销售成本－期间费用－成本费用的机会成本

＝销售收入－(销售成本＋期间费用)×(1＋成本费用的机会成本率)

软件销售成本主要是人员工资、差旅费等，期间费用则包括销售费用和管理费用。金智科技高校信息化软件项目的经营中，销售被评估软件仅为其业务的一部分，还有其他相关的开发业务，上述销售成本和期间费用等需要在被评估著作权软件业务和其他业务之间进行分摊。我们采用历史数据和未来预测销售收入数据为基础，按软件研发人员与其他人员的比例来分析确定分成比例，经过计算这个分成率为40%。

4. 软件产品销售收入预测

根据对企业经营的历史、现状及目标市场的分析，软件收入在历史年度保持了一定的增长态势，但某一具体版本的软件会随着市场分割完毕，出现销售收入下降趋势。根据历史数据的比较分析，被评估的软件收入占金智科技高校信息化软件产品销售收入的比例为50%左右。预计被评估软件的产品销售收入2010年会在2009年的基础上略有下降，2011年到2012年每年会有10%的下降。

销售收入预测见下表（单位：万元）：

	历史数据			预测数据		
年份	2008年	2009年	2010年1－9月	2010年10－12月	2011年	2012年
软件收入	1,452.31	2,590.09	843.07	1,592.55	2,192.05	1,972.85

5. 软件产品成本费用预测

（1）销售成本预测

根据企业以往年度销售情况和财务数据统计，软件产品销售成本占软件产品收入的比例在35%左右，被评估软件应该分摊的比例占成本的40%，未来成本按历史比例确定。销售成本预测如下表（单位：万元）：

	历史数据			预测数据		
年份	2008年	2009年	2010年1－9月	2010年10－12月	2011年	2012年
软件成本	347.28	490.17	221.72	445.91	613.77	552.4

（2）管理费用和销售费用预测

历史年度管理费用和销售费用占软件销售收入的比例分别为23%和17%，被评估软件应该分摊的比例占成本的40%。用预测期各年管理费用和销售费用，乘以分摊系数，计算出软件著作权对应的管理费用和销售费用。管理费用和销售费用预测如下表（单位：万元）：

	历史数据			预测数据		
年份	2008 年	2009 年	2010 年 1－9 月	2010 年 10－12 月	2011 年	2012 年
管理费用	145.74	322.17	129.45	293.03	403.34	363
销售费用	133.24	238.16	97.72	216.59	298.12	268.31

（3）销售成本、费用机会成本

所谓销售成本费用机会成本实质上是企业除被评估软件外，其他资产包括营运资金、有形非流动资产、扣除软件外的其他无形资产的投资回报或收益贡献。

我们通过选择的三个对比公司，分别计算营运资金、有形非流动资产、扣除软件外无形资产的投资回报率。计算过程如下：

①取流动资产、流动负债的账面价值为基础，计算营运资金的市场价值；同时取一年内短期贷款利率 5.31% 作为营运资金回报率；

②取有形非流动资产账面价值作为其市场价值，同时取五年期贷款利率 5.94% 作为固定利率，以 15 年的综合折旧年限作为回报年限计算等额回收年金，然后计算有形非流动资产年租金率为 9.68%，作为有形非流动资产回报率；

③其他无形资产的回报，其他无形资产这里是指扣除软件外的其他无形资产。

首先，我们以整体企业价值 ×（1－缺少流通折扣率）－固定资产账面价值－流动资产账面价值，作为企业全部无形资产的价值；

其次，通过对比公司进一步分析，无形资产中 90% 为软件价值，剩余 10% 是其他无形资产，因此，其他无形资产按全部无形资产价值的 10% 作为其市场价值。

最后，采用对比公司加权平均资本成本（WACC），计算出无形资产回报率。

根据上面各类资产回报率，分别计算出营运资金、有形非流动资产和其他无形资产的收益贡献并求和，除以成本费用之和，得出对比公司的销售成本费用机会成本率平均值为21.52%，以此作为所在行业的销售成本费用机会成本率。

6. 确定软件的收益分成

对于本次评估的软件，其软件的年收益分成或年销售收入的收益贡献为：

软件的收益分成（销售收益的贡献）

=年销售收入-（销售成本+期间费用）×(1+销售成本费用机会成本率)

7. 对比公司的选取

对比公司1：国脉科技，国脉科技股份有限公司，股票代码：002093。

对比公司2：欣网视讯，南京欣网视讯科技股份有限公司，股票代码：600403。

对比公司3：软控股份，软控股份有限公司，股票代码：002073。

（具体公司介绍略）

8. 折现率的估算

加权平均资本成本（WACC）是投资者投入企业资本的期望回报，它等于期望的股权回报率和债券回报率的加权平均。WACC的计算可以采用税前或税后的数据参数，本项目采用税前加权资本成本（WACCBT)。

WACCBT的计算公式为

$$WACCBT=(R_e \times W_e)/(1-t)+R_d \times W_d$$

其中：$R_e = R_{f1} + \beta(R_m - R_{f2}) + R_c$

R_e：普通股权益资本成本

W_e：普通股权益资本在资本结构中的比重

R_d：付息债务资本成本

W_d：付息债务在资本结构中的比重

t：企业所得税率

R_f：无风险利率，选择剩余到期年限大于10年国债的到期收益率。R_{f1}为基准日前后的到期收益率平均值，R_{f2}为各年度国债到期收益率的平均值。

β：对比公司的系统风险调整系数

R_m：市场收益率，根据深成指数进行计算

R_c：企业特定风险调整系数

加权平均资本成本也可以理解为投资到企业的全部资产的期望回报率，企业全部资产包括营运资金、有形非流动资产和无形资产组成。因此，*WACC*也可以用下式表述：

$$\text{WACCBT} = W_a \times R_a + W_n \times R_n + W_i \times R_i$$

其中：

W_a：为营运资金（资产）占全部资产比例

W_n：为有形非流动资产占全部资产比例

W_i：为无形资产占全部资产比例

R_a：为投资营运资产期望回报率

R_n：为投资有形非流动资产期望回报率

R_i：为投资无形资产期望回报率

上式变换为

$$R_i = (WACC - W_a \times R_a - W_n \times R_n) / W_i$$

R_i：投资无形资产的期望回报率，也即评估需要的折现率。

投资营运资产所承担的风险相对最小，因而期望回报率应最低，我们取一年内平均银行贷款利率5.31%（税前利率）为投资流动资产期望回报率。投资固定资产等有形非流动资产所承担的风险较营运资产高，因而期望回报率比营运资产高，我们取五年期贷款利率5.94%（税前利率）作为固定利率，以15年作为综合折旧年限作为还款年限计算等额年金，然后计

算固定资产年租金率9.68%作为投资有形非流动资产的期望回报率。经过上述步骤计算出无形资产的期望回报率为13.75%。

9. 评估结果

经上述评估程序和计算，委估软件在经济寿命期内创造的现金流现值和为1,323.05万元，即委估软件著作权于评估基准日的市场价值为1,323.05万元。计算机软件评估计算表如下（单位：万元）：

项目	2010年10－12月	2011年	2012年
营业收入	1,592.55	2,192.05	1,972.85
减：营业成本	445.91	613.77	552.40
销售费用	216.59	298.12	268.31
管理费用	293.03	403.34	363.00
机会成本	205.64	283.05	254.74
贡献合计	431.38	593.77	534.40
折现率	13.75%	13.75%	13.75%
折现年限	0.25	1.25	2.25
折现系数	0.9683	0.8512	0.7483
软件贡献现值	417.71	505.44	399.90
现值合计	1,323.05		

案例来源：深圳证券交易所《江苏金智科技股份有限公司拟转让拥有的计算机软件著作权项目评估报告》。

五、收益法评估知识产权的局限

知识产权未来所能够创造的收益是其价值实现的重要组成部分，收益法是通过预测企业未来收益，将知识产权未来使用寿命期间内每年产生的收益分离出来并进行折现的过程。收益法是基于知识产权当前收益能力而出发的评估方法，相比成本法和市场法，无形资产的评估采用收益法貌似更为妥当，但是评估参数的选取受评估人员较大的主观影响，收益法在实际应用中也有一定的局限性。

收益额是指知识产权能够给企业带来的超额收益，一般可以用净现金流来代表其未来经济收益，净现金流量受多种因素的影响，预测具有不确定性。同时，也需要对知识产权的剩余使用经济寿命做出准确预测，在这个过程中评估师的作用有限，一般情况下是按照资产占有方以及专家意见确定评估对象的剩余有效寿命。对企业未来现金流做出预测后，需要通过分成率来分离出归属于知识产权所贡献的现金流，分成率的计算一般有两种方法：一是专家打分法；二是通过对比同行业上市公司有关资料，来获取技术分成率。分成率的确定对收益的预测有很大的影响，专家打分法是依据专家的经验和职业判断对各指标进行评分，在一定程度上避免不了评分的主观性，而可比公司法确定分成率的方法在实际应用中也是困难重重。

收益法中另一个重要的参数是折现率，折现率大小对最终的评估结果有着重要的影响。折现率的确定方法有很多，主要有加权平均资本成本、资本资产定价模型、风险报酬累加法等。无论折现率选用哪种评估方法，其共同的特点都是假设在资产整个寿命期内折现率都是保持不变的。而这一假定不符合现实情况。资产在整个寿命期内所带来的收益率是波动的，风险和收益成正相关关系，知识产权的折现率会随着收益率的波动而发生变动。根据产品生命周期理论，知识产权转化产品也将经历一个幼稚、成长、成熟、衰退的阶段。因此，可以考虑产品生命周期不同阶段的预期净收益和折现率的差异性。成长期、成熟期和衰退期的具体年数，对于不同的知识产权类型和产品类型也是不同的。如此则能动态化的对知识产权的价值作出评估，更为贴近现实。

第三部分

Intellectual Property

知识产权评估的高级方法

3

第八章　模糊综合评价法

一、模糊综合评价法原理

市场法、收益法和成本法三种基本方法分别从不同角度出发对知识产权进行了价值评估，每种方法各有缺陷。这些缺陷在一定程度上降低了评估效果，会使评估结果与实际情况出现一定的偏差。再加上评估者自身评估经验和知识水平的局限也在一定程度上影响了评估结果的客观公平。模糊综合评价法基于上述方法得出的初评结果，求得纠偏系数，对评估结果进行了一定修正。模糊综合评价法，是指在模糊环境下，利用模糊数学的工具，考虑多种因素的影响，为了某种目的对一事物作出综合决策的评价方法。知识产权价值具有较大的模糊性，而模糊数学工具将许多观念性的难以精确度量的因素量化，突出关键因素对知识产权价值的重要影响，克服个人因素的影响及其他不可量化因素的干扰，使定性分析与定量分析较好地结合在一起。利用模糊综合评价法的关键在于合理地确定评价因素集及权重、评语因素集及权重。对于影响因素众多的情况，可以采用层次分析法来确定因素集权重。为了使这些参数结果更具权威性和合理性，可以针对不同的知识产权价值评估，利用无限的计算机网络系统，以电子调查问卷等形式，采用专家调查法或德尔菲法，向相应不同领域的专家征求参数结果。

二、模糊综合评价法步骤

1. 确定评价对象、因素集和评语集

评价对象就是利用上述价值评估方法求得的知识产权价值的初评结果。因素集 $U=\{u_1, u_2, \cdots, u_m\}$ 是指影响知识产权价值评估的各种因素的集合。评价因素的选择，一定要把影响该知识产权价值的所有因素都考虑进去进行选择。由于各类知识产权的内涵各不相同，其价值形成因素也不相同，应视不同的知识产权确定不同的评价因素集。

评语集 $V=\{v_1, v_2, \cdots, v_n\}$ 是专家们对知识产权初评价值作出评价的若干等级集。评语集要适度，既不能太多也不能太少，如 $V=\{$太低，偏低，合理，偏高，太高$\}$。

2. 确定因素集中因素权重分配向量 A 和评语集因素权重 W

各个评价因素在综合评价中占有不同的权重，可通过专家咨询法来确定。对于影响因素众多的情况，可以采用层次分析法来确定评价对象影响因素的具体权重。用层次分析法确定指标权重时，其基本思路是：确定各指标的层次关系；确定主观判断的相对标准；采用单一目标两两对比的方法，同层次指标之间构造出判断矩阵；求得矩阵的特征向量，计算比较指标的相对权重；进行一致性检验。对于不同类别的知识产权，其指标的权重分别评估，即通过专家意见构造判断矩阵，并采用特征根法求解综合判断矩阵，将专家经验与数学模型结合起来确定各指标的权重。最后经过归一化处理，得到各指标权重。

$$A=\{a_1,a_2,\cdots,a_m\},\text{其中,}\sum_{i=1}^{m}a_i=1$$

评语集因素权重是为了给评语集中专家们不同等级的评语以适当的权值，以保证纠偏系数的纠偏方向。评语等级越低，评语权重就越大；反之，等级越高，权重越小。合理的权重值为 1。

3. **建立单因素模糊评价矩阵** R

评价矩阵 R 可以通过专家咨询法或德尔菲法得到。首先确定拟进行征求意见的专家，并将他们按照评估因素集分为 m 组，针对每一因素向对应的专家发出调查表，让他们作出初评结果相对于这一因素而言是合理、偏高、太高，抑或偏低、太低的判断。然后利用算术平均法求出专家们做出某一结论的比例，此即为评价矩阵中的 r_{ij}。对于其他因素，依次类推，可建立评价矩阵。最终通过综合整理各因素的征求意见结果即可获得单因素评价矩阵 $R=(r_{ij})_{m\times n}$。

4. **进行复合运算，求得综合评价矩阵，最终确定纠偏系数** C

把权重集 A 和评价矩阵 R 进行模糊运算，就形成了综合评价矩阵 $B = A \times R = (b_1, b_2, \cdots, b_n)$。最后对评价结果用加权平均法进行处理，以 b_j 为权重，对评语权重 W_j 进行加权，可以得到纠偏系数 $C = \sum_{i=1}^{n} W_j b_j / \sum_{i=1}^{n} b_j$。

5. **初评值乘以纠偏系数，得到知识产权评估价值** E

在初评值 E_0 基础上，乘以纠偏系数 C，就得到了相对比较合理的知识产权评估价值：$E=C\times E_0$。

三、模糊综合评价法实例

甲企业拥有一项专利，首先运用上述传统价值评估方法中的收益法对此专利进行价值评估，得初评价值 $E_0=500$ 万元。而后采用模糊综合评价法对该初评价值进行纠偏，其评估指标如表 8－1 所示。

表 8－1 评价指标及权重

序号	评价因素集 U	权重 A
1	研发总经费	0.05
2	研发周期	0.05

续表

序号	评价因素集 U	权重 A
3	技术创新度	0. 1
4	技术成熟度	0. 1
5	技术生命周期	0. 1
6	技术垄断度	0. 1
7	行业类别	0. 15
8	技术转化度	0. 1
9	预期收益	0. 15
10	法律保护程度	0. 1

评语集 $V=\{v_1, v_2, \cdots, v_n\}$ = {太低，偏低，合理，偏高，太高}。鉴于专利这项知识产权的影响因素相对较少，该实例中权重的确定并未采用 *AHP* 法，而是利用计算机网络系统，以电子调查问卷等形式，采用专家调查法或德尔菲法，向有关专家征求参数结果，得到的评价因素权重分配向量 *A* 和评语集权重 ***W*** 分别为

$$A=(0.05, 0.05, 0.1, 0.1, 0.1, 0.1, 0.15, 0.1, 0.15, 0.1)$$

$$\boldsymbol{W}=(1.5, 1.2, 1.0, 0.8, 0.5)$$

经专家评审得到的单因素综合评价矩阵为

$$\boldsymbol{R}=\begin{bmatrix} 0 & 0.1 & 0.7 & 0.2 & 0 \\ 0 & 0 & 1.0 & 0 & 0 \\ 0.1 & 0 & 0.8 & 0.1 & 0 \\ 0.3 & 0.3 & 0.2 & 0.2 & 0 \\ 0.2 & 0.2 & 0.6 & 0 & 0 \\ 0 & 1.0 & 0 & 0 & 0 \\ 0 & 0 & 1.0 & 0 & 0 \\ 0 & 0.5 & 0.5 & 0 & 0 \\ 0.4 & 0.6 & 0 & 0 & 0 \\ 0.5 & 0.1 & 0.1 & 0.3 & 0 \end{bmatrix}$$

综合评价结果 $B = A \times R = (0.17, 0.305, 0.455, 0.07, 0)$，这一结果表明，有 17% 的专家认为初评价值太低；30.5% 的专家认为偏低；45.5% 的专家认为合理；7% 的专家认为偏高。纠偏系数 $C = \sum_{i=1}^{n} W_j b_j / \sum_{i=1}^{n} b_j = 1.101$。

经纠偏后，该专利的价值 $E = C \times E_0 = 1.101 \times 500 = 550.5$ 万元，比初评价值多出了 50.5 万元。这在于有六成专家认为该项专利的价值相对于预期收益而言估值偏低，有五成的专家认为相对于法律保护程度而言估值太低，同时所有的专家都认为相对于技术垄断度而言估值偏低。这正是利用模糊综合评价法进行知识产权价值评估的意义所在。鉴于知识产权的价值具有较大的不确定性，模糊综合评价法以一种灵活而简捷处理手段将许多观念性因素量化，将定性分析与定量分析有机地结合在一起，在一定程度上减少了主观干扰因素对知识产权价值评估的影响，从而提高了知识产权价值评估的可靠性。

第九章 层次分析法

一、层次分析法原理

层次分析法（AHP法）是一种解决多目标的复杂问题的定性与定量相结合的决策分析方法。该方法将定量分析与定性分析结合起来，用决策者的经验判断各衡量目标能否实现的标准之间的相对重要程度，并合理地给出每个决策方案的每个标准的权数，利用权数求出各方案的优劣次序，比较有效地应用于那些难以用定量方法解决的问题。

层次分析法根据问题的性质和要达到的总目标，将问题分解为不同的组成因素，并按照因素间的相互关联影响以及隶属关系将因素按不同层次聚集组合，形成一个多层次的分析结构模型，从而最终使问题归结为最低层（供决策的方案、措施等）相对于最高层（总目标）的相对重要权值的确定或相对优劣次序的排定。

二、层次分析法的步骤

运用层次分析法构造系统模型时，大体可以分为以下四个步骤：

1. 建立层次结构模型

将决策的目标、考虑的因素（决策准则）和决策对象按它们之间的相互关系分为最高层、中间层和最低层，绘出层次结构图。具体来看，最高层是目标层，表示解决问题的目的，即层次分析要达到的总目标，通常只有一个总目标。中间层内容为准则层，表示采取某种措施、政策、方案等实现预定总目标所涉及的中间环节，一般又可以逐层划分为准则层、指标层、策略层、约束层等。最低层是方案层，表示将选用的解决问题的各种措施、政策、方案等，通常有数个方案备选。每层有若干元素，层间元素的关系用相连直线表示。层次分析法的层次结构如图 9－1 所示。

层次分析法所要解决的问题是关于最低层对最高层的相对权重问题，按此相对权重可以对最低层中的各种方案、措施进行排序，从而在不同的方案中作出选择或形成选择方案的原则。

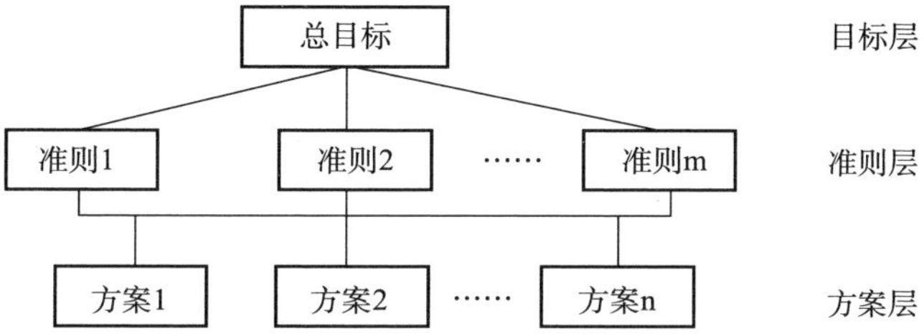

图 9－1　层次结构模型

2. 构造判断（成对比较）矩阵

在确定各层次各因素之间的权重时，如果只是定性的结果，则常常不容易被别人接受。因此比较判断采用一致矩阵法，即不把所有因素放在一起比较，而是两两相互比较，对比时采用相对尺度，尽可能减少性质不同的诸因素相互比较的困难，以提高准确度。判断矩阵是表示本层所有因素针对上一层某一个因素的相对重要性的比较。判断矩阵的元素 a_{ij} 用 Saaty 提出的 1—9 标度方法给出，如表 9－1 所示。

表 9－1　Saaty 的 1－9 标度

标度 *aij*	含义
1	表示两个因素相比，具有同样的重要性
3	表示两个因素相比，前者比后者稍重要
5	表示两个因素相比，前者比后者明显重要
7	表示两个因素相比，前者比后者非常重要
9	表示两个因素相比，前者比后者极端重要
2，4，6，8	表示上述两相邻等级的中间值
倒数	表示相应两个因素交换次序比较的重要性

所谓两两比较就是针对一级指标，其指标元素两两比较哪个更重要，重要多少，并将其量化。根据 Saaty 的 1－9 标度对其重要性赋值，从而构成一个矩阵：

$$A=\begin{bmatrix} a_{11} & a_{12} & a_{13} & \cdots & a_{1n} \\ a_{21} & a_{22} & a_{23} & \cdots & a_{2n} \\ \cdots & \cdots & \cdots & \cdots & \cdots \\ a_{n1} & a_{n2} & a_{n3} & \cdots & a_{nn} \end{bmatrix}=(a_{ij})_{n\times n}$$

其中，$a_{ij}>0$，$a_{ij}=a_{ij}^{-1}$，$a_{ii}=1$。

3. 计算指标相对权重

通过对判断矩阵的处理，我们可以得到本层次中各个子要素与上层次中各要素有联系的重要性次序的权重值，然后求出所有元素的重要性权重值，包括方案层各个方案的重要性权重值，最后求出总权重值。根据矩阵理论，若 A 为正相反矩阵，则 A 存在单一的最大特征根，使得 $WA=\lambda W$。其中，λ 为最大特征根，$W=(w_1, w_2, w_3, \cdots, w_n)$是相应的特征向量。将矩阵 A 每一行 n 个元素相乘并开 n 次方，再将得出的向量作归一化处理，即算出第 i 个因素的特征向量w_i和最大特征根λ_{max}。

$$w_i=\frac{1}{n}\sum_{j=1}^{n}\frac{a_{ij}}{\sum_{k=1}^{n}a_{kj}},i=1,2,\cdots,n$$

$$\lambda_{max} = \frac{1}{n}\sum_{i=1}^{n}\frac{\sum_{j=1}^{n} w_j a_{ij}}{w_i}$$

4. **一致性检验**

在 AHP 的实施过程中，判断矩阵 A 中的任意一个值 aij，反映了要素 i 和要素 j 之间的重要性之比，它既可以通过这两要素之间的直接比较得到，又可以通过其他要素间的两两比较获得。当决策者的判断完全一致时，不管用哪种方法，要素 i 和要素 j 之间重要性的比值应该是唯一的。然而，在实际问题的处理中，由于判断对象本身的复杂性以及人的思维判断的主观差异，判断者对判断时所采用的标度及所比较的对象有时缺乏清楚的认识或者出现一定的偏差，可能会出现各要素间排序矛盾；或者要素间排序只能达到局部性一致，而整体性却比较杂乱；或者要素之间经过一系列的一对一比较排序后，其重要性比例缺乏首尾连贯性，即整体排序上得不到满意一致性。

由此可知，判断矩阵偏离一致性条件应该有个度，如果超出这个度，那么结果就不能客观反映比较对象间的关系，这个判断矩阵就不能被接受，因而层次分析法中引入了一致性的概念，主要作用就是评判判断矩阵是否可以被接受。我们通过 $CR = CI/RI$ 一致性比率来检验矩阵 A 的一致性。由 CR 的公式可知，CR 越小，判断矩阵的一致性越好，当 $CR < 0.1$ 时，矩阵 A 通过一致性检验，则可以用特征向量 W 表示权重。否则要重新进行两两比较，调整矩阵的元素，直至通过一致性检验为止。其中，一致性指标 $CI = (\lambda_{max} - n)/(n-1)$，平均随机一致性指标 RI，可根据 n 值查表得到。

三、层次分析法在评估中的应用

评估人员在对资产对象进行估值定价的过程，本质上是一个系统分析和决策的过程，面临的是一个由相互关联、相互制约的众多因素构成的复杂系统。层次分析法正是解决这类系统决策问题的有效工具，因而在资产定价领域能够得到广泛的应用。

以下三个案例，分别是层次分析法在知识产权评估中的不同应用。

1. 案例一：构建知识产权价值评估指标体系

在模糊综合评价法案例中，需要确定每个评判因素的权重问题，最简单的是采用打分法，但是这种法的主观性太强，准确度欠佳，因此我们选择用层次分析法确定评价因素的权重。通过将问题分解为不同的组成因素，并按照因素间的相互关联影响以及隶属关系将因素按不同层次聚集组合，构建层次分析模型，最终解决权重问题。下面以商标价值评估为例，演示层次分析法的具体使用。

首先，在分析影响商标价值评估的因素以及商标价值的特点基础上，建立层次分明的价值评估指标体系，本案例中指标体系如表 9－2 所示。

表 9－2　商标价值评估指标体系的层次结构

	一级指标（XI）	二级指标（Xij）
商标价值（Y）	商标自身因素（X1）	创新性（X11）
		质量（X12）
		知名度（X13）
		信誉度（X14）
	商标所依附的产品或服务（X2）	盈利能力（X21）
		市场占有率（X22）
		市场潜力（X23）
		潜在替代品情况（X24）
		商品的生命周期（X25）
	商标所处的法律状态（X3）	独占性（X31）
		法律保护范围（X32）
		许可实施状态（X33）
		剩余有效期（X34）

计算因素的权重，需要从底层开始逐层向上计算。首先计算一级指标

“商标自身因素”下属的 4 项二级指标的权重。用层次分析法中的 1－9 比例标度法确定各因素权值，得到判断矩阵如表 9－3 所示：

表 9－3 商标自身因素权重判断矩阵

商标自身因素	创新性	质量	知名度	信誉度	权重
创新性	1	3	3	1/5	0.196
质量	1/3	1	1	1/7	0.078
知名度	1/3	1	1	1/7	0.078
信誉度	5	7	7	1	0.647

由 w_i 的公式计算权重，见上表；再计算该判断矩阵的最大特征值 $\lambda_{max}=4.047$；接下来计算一致性指标 $CI=0.025$，一致性比率 $CR=0.028<0.1$；由此得出该比较矩阵的一致性较为满意，其权重可以接受。从而确定其权重向量为：

$W_1=(0.196,\ 0.078,\ 0.078,\ 0.647)$。同理，相应计算其他一级指标下属二级指标的权重，以及一级指标的权重。在此基础上，采用专家打分法，给出二级指标的评价矩阵，结合权重，计算得到一级指标的评价向量，由此往上，最终得到目标值——商标价值的评价。层次分析法和模糊综合评价法相结合，使知识产权评估值更加合理，更容易被市场所认可。

2. 案例二：多方法评估值取加权平均

在资产评估实务中，对某项资产的评估往往会采用多种方法，再对多个评估值进行综合分析后，选择最为合理的值或者取加权平均值作为最终的评估结果。计算加权平均值，各方法得到估值所占权重，需要谨慎给出，可以采取层次分析法来确定。下面以专利技术价值评估为例，演示层次分析法的应用。

某公司自主研发的专利技术 A 用于公司运营生产，并取得良好的经济效益。该评估项目在综合考虑委托方、评估对象、评估目的、价值类型等评估要素以及市场和资产占有方所能够提供的相关资料后，选择成本法、市场法及收益法作为该项目的基本评估方法进行加权并作为评估值。

根据层次分析法的基本思路，在专利技术评估方法中，把成本法、市场法和收益法这三种方法对目标层的相对重要性权重的确定归结为具体评估方法在层次分析模型中专利技术评估的重要性排列。专利技术评估方法决策系统可分为三个层次。其中，目标层是依据评估原则选择合适的评估值；准则层主要以评估值得真实性、科学性、替代性、可行性四个主要方面作为主要考虑因素；方案层则是提供的三种评估基本方法即成本法、市场法和收益法。从而，得到本文的层次分析法层次的框架结构如图9－2所示。

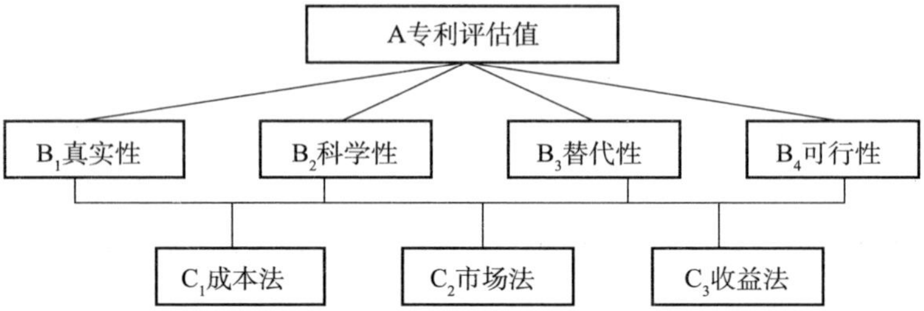

图9－2　专利技术评估层次模型

（1）构造判断矩阵

目标层A由准则层的四个要素B_1真实性、B_2科学性、B_3替代性、B_4可行性构成，那么就需要构造以A为判断准则的要素B_1、B_2、B_3、B_4间的两两元素相对比较的判断矩阵，以确定各个要素的权重。表9－4为判断矩阵A的权重的计算结果。

表9－4　判断矩阵A的权重

A	B_1	B_2	B_3	B_4	权重	归一化权重
B_1	1	3	5	7	3.201	0.564
B_2	1/3	1	3	5	1.495	0.263
B_3	1/5	1/3	1	3	0.669	0.118
B_4	1/7	1/5	1/3	1	0.312	0.055

矩阵中b_{ij}为准则B_i相对总目标A而言比准则B_j重要的程度的标度值，

矩阵 A 是一个互反矩阵。同样，方法层 C 相对于准则层 B 的评价指标分别为：B_1、B_2、B_3、B_4，以这四个评价指标为准则对三个方法进行排序得到判断矩阵。

（2）一致性检验

单排序是指根据判断矩阵，计算针对某一准则下各因素的相对权重并进行一致性检验的过程。计算得到：$W=(3.201,\ 1.495,\ 0.669,\ 0.312)^T$，对权向量进行归一化处理可得到判断矩阵 A 的各元素 Bi 的权重向量 $W_A=(0.564,\ 0.263,\ 0.118,\ 0.055)^T$。由于判断矩阵的因素是通过主观判断判定的，所以要对判断矩阵进行一致性检验。计算公式为：

$$CI=(\lambda_{max}-n)/(n-1)=0.039$$

$$\lambda_{max}=\frac{1}{n}\sum_{i=1}^{n}\frac{\sum_{j=1}^{n}w_j a_{ij}}{w_i}=4.117$$

$$CR=CI/RI=0.0433<0.1$$

根据上面所述，可得到判断矩阵 B_1、B_2、B_3、B_4 的权重向量及一致性指标。经过分析，总目标 A 及准则层元素 B_1、B_2、B_3、B_4 都满足一致性。

（3）层次总排序

总排序是指某层次因素相对上一层整个层次重要性的排序。用 uij $(i=1,\ 2,\ 3;\ j=1,\ 2,\ 3)$ 表示对应各个准则层元素 B_1、B_2、B_3、B_4 的判断矩阵进行方案排序的归一化结果，得到优先度矩阵 U：

$$U=\begin{bmatrix}0.60263 & 0.08414 & 0.64833 & 0.10473\\ 0.08234 & 0.70494 & 0.22965 & 0.63699\\ 0.31503 & 0.21092 & 0.12202 & 0.25829\end{bmatrix}$$

将 U 与 W_A 相乘，综合排序结果 $M=U\,W_A=(0.4439,\ 0.2942,\ 0.2617)^T$。

（4）确定评估值

对专利技术 A，采用成本法、市场法和收益法这三种方法，按照必要的评估程序进行了评估，得到评估结果分别为：成本法专利技术 A 价值 $P_1=6,818.61$ 万元；市场法专利技术 A 价值 $P_2=62,206.01$ 万元；收益法专利技术 A 价值 $P_3=62,011.60$ 万元。

根据上述求得的权重及其评估值，运用加权平均得到评估值。专利技术 A 资产评估值：$P=P_1\times M_1+P_2\times M_2+P_3\times M_3=37,556.25$（万元）。

3. **案例三：收益法中确定分成率**

企业往往拥有多项知识产权，这些知识产权与企业其他无形资产一起，为企业带来收益。当需要对各项知识产权单独评估时，需要确认每项知识产权对收益的贡献，即确定每项知识产权的分成率，这存在一定的难度。评估实践中又没有统一的划分方法，主要依靠评估师的主观判断。对同一项知识产权收益的划分，由于评估师职业水平的不同，很可能得出不同的评估结果。故此，引入层次分析法，来量化不同知识产权对收益的贡献率，虽然对因素重要性的判断仍然依靠主观判断，但是能够将判断定量化，并进行一致性检验，得到的结果相对准确。下面以从企业无形资产中分割出商标权的价值为例，演示层次分析法的应用。

企业 A 为扩大生产规模，准备进行增资扩股的股权重组。除有形的经营性资产外，将其商标 A 也作价入股。因此需要评估其商标 A 的价值，作为折资入股的依据。由于市场上没有类似可比案例，因此选取收益法进行评估，具体方法为利润分成法。经过调查分析发现，企业无形资产包括商标权、专利权和企业商誉。因此，在确定无形资产带来现金流量占企业全部现金流比重的基础上，采用层次分析法将商标权带来的现金流量从无形资产现金流量划分出来。最后，采用收益现值法基本计算公式求出商标权的价值。

（1）建立划分收益的层次结构

确定总目标是从企业无形资产价值中分割出商标权的价值。经专业人士调查，企业产生超额利润的直接原因是企业具有核心竞争力、销售增长、垄断价格、较低的生产成本。经过充分的分析，建立层次结构如图9－3所示。

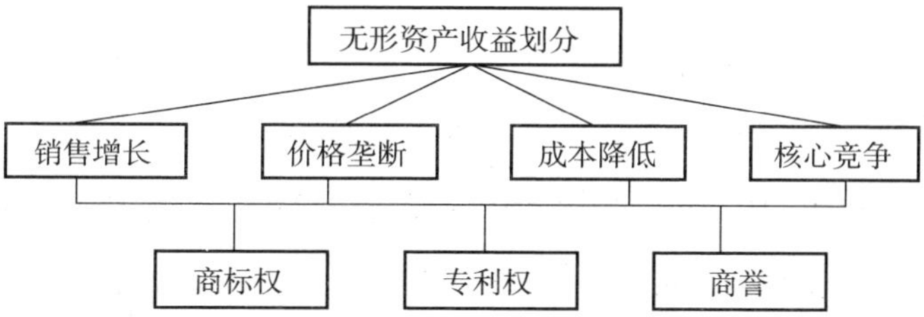

图9－3　划分收益的层次结构

（2）确定准则对目标权重和方案对准则权重

确定因素后，设计调查表比较确定各准则对于目标的权重，各方案对于每个准则的权重。可以由熟知企业经营情况的企业内部职员进行打分，或者请足够数量的消费者进行评分，然后汇总分析，还可以专家直接评分。得到判断矩阵如下：

$$A=\begin{bmatrix}1 & 4 & 2 & 4/5\\ 1/4 & 1 & 1/2 & 1/5\\ 1/2 & 2 & 1 & 2/5\\ 5/4 & 5 & 5/2 & 1\end{bmatrix}$$

A 的最大特征值 $\lambda_{max}=4.056$，特征向量为 $M=(0.333, 0.084, 0.167, 0.416)^T$。

一致性检验：$CI=(\lambda_{max}-n)/(n-1)=0.019$，$CR=0.0021<0.1$。判断矩阵具有满意的一致性，排序权重可以接受。

然后，通过以上调查确定出商标权、专利技术以及商誉相对于以上四个元素各自的权系数。相应的判断矩阵结果如下：

$$B_1=\begin{bmatrix}1 & 2 & 4\\ 1/2 & 1 & 2\\ 1/4 & 1/2 & 1\end{bmatrix}\qquad B_2=\begin{bmatrix}1 & 1/3 & 1\\ 3 & 1 & 3\\ 1 & 1/3 & 1\end{bmatrix}$$

$$B_3=\begin{bmatrix}1 & 5/3 & 5\\ 3/5 & 1 & 3\\ 1/5 & 1/3 & 1\end{bmatrix} \qquad B_2=\begin{bmatrix}1 & 3/5 & 3/2\\ 5/3 & 1 & 5/2\\ 2/3 & 2/5 & 1\end{bmatrix}$$

其中，判断矩阵 B_1 最大特征值 $\lambda_{max}=3.05$，特征向量 $=(0.571, 0.286, 0.143)^T$。判断矩阵 B_2 最大特征值 $\lambda_{max}=3.014$，特征向量 $=(0.158, 0.684, 0.158)^T$。判断矩阵 B_3 最大特征值 $\lambda_{max}=3.048$，特征向量 $=(0.556, 0.333, 0.067)^T$。判断矩阵 B_4 最大特征值 $\lambda_{max}=3.02$，特征向量 $=(024, 0.6, 0.16)^T$。通过检验，比较判断矩阵均具有满意的一致性，排序权重可以接受。

（3）层次总排序

计算出最后一层元素对于总目标的总排序，如表 9－5 所示。

表 9－5　层次总排序计算

B 层因素 / C 层方案	B1	B2	B3	B4	总排序权重
	0. 333	0. 084	0. 167	0. 416	
商标权	0. 571	0. 158	0. 556	0. 24	0. 3961
专利权	0. 286	0. 684	0. 333	0. 6	0. 4579
商誉	0. 143	0. 158	0. 067	0. 16	0. 146

从而估算出商标权在无形资产中的权重为 39. 61%，专利技术占无形资产中的权重为 45. 79%，商誉在无形资产中的权重为 14. 6%。确定商标权带来的现金流量为：属于商标权的现金流量 = 无形资产带来的现金流量 × 商标权权重。

第十章　实物期权法

一、实物期权法原理

本质上，期权是一种选择权，实物期权法主要由金融期权理论衍生而来，一些实物资产具有期权的性质，并赋予企业一定的权利（实物期权），而知识产权具有实物期权的特征。比如，对某项专利进行投资时，从企业获得该项资产到开发成功运用到产品生产的过程中，会受到国家政策、市场发展等经济、行业变化的影响，使其未来收益有很大的不确定性，投资者可以根据外部环境的变化，选择继续投资该项知识产权或放弃投资。若市场条件较好，投资者将会进行专利产品的开发并将其投放到市场以获得超额利润，若市场条件较差，投资者可以选择放弃该项投资或另外选择专利产品的开发时间，从而获得最大的利润。当企业取得某项知识产权后，就获得了该知识产权所附带的专属权利，企业可以根据市场环境来决定是否继续投资并将该项知识产权应用于产品生产，以及何时将该知识产权应用于产品生产。在不确定的情况下，企业会有选择权，可以根据市场的变化做出不同的决定。所以知识产权的价值的根本在于一种选择权，投资者所具有的选择权可以伴随着不确定性因素的消除，采取趋利避害的行动，从而扩大知识产权投资的价值。采用实物期权法弥补了传统方法的不足，修正了静态现金流量折现法的一些缺陷，将不确定性转化为投资价值，从动态的角度评估知识产权的价值，在知识产权资产评估中具有一定的优势。

鉴于技术型知识产权，尤其是专利权具有投资期长、风险大、不确定性高等特点，实物期权法在技术类知识产权资产评估应用中有其突出的优势。实物期权法的重要优势是结合企业的未来管理和决策柔性，在投资项目的价值评估中充分考虑项目投资的时机选择，主要适用于技术类知识产权的价值评估，即专利权和专有技术。但并非所有技术型知识产权都具有实物期权的特点。用于新产品开发的技术型知识产权往往需要配套实物资产的投资和明确投资时机的选择，较适合用实物期权法进行评估；有投资目的的技术类知识产权最适合实物期权法；投资价值是站在投资者的角度，使其某项投资利益实现最大化，较适合实物期权法。

二、实物期权法基本模型

1. 布莱克 - 舒尔斯模型

布莱克 - 舒尔斯模型（Black - Scholes - Merton Model），针对无红利流量情况下欧式期权的价值评估，考虑了标的资产评估基准日价值（S）及其波动率（σ）、期权行权价格（X）、行权期限（T）、无风险收益率（r）五大因素以确定期权价值。模型形式为：

买方期权价值 $C_0 = SN(d_1) - Xe^{-rT}N(d_2)$

卖方期权价值 $P_0 = Xe^{-rT}N(-d_2) - SN(-d_1)$

其中，C_0 和 P_0 分别代表欧式买方期权和卖方期权的价值；e^{-rT}代表连续复利下的现值系数；N（d_1）和 N（d_2）分别表示在标准正态分布下，变量小于 d_1 和 d_2 时的累计概率。d_1 和 d_2 的取值如下：

$$d_1 = \frac{ln(S/X)(r^2/2)T}{\sqrt{T}}$$

$$d_2 = \frac{ln(S/X)(r - ^2/2)T}{\sqrt{T}} = d_1 - \sqrt{T}$$

选择布莱克－舒尔斯模型估算实物期权价值的步骤如下：

第一步，估计有关参数数据。

第二步，计算 d_1和 d_2。

第三步，求解 $N(d_1)$ 和 $N(d_2)$。

第四步，计算买方期权或者卖方期权的价值。

2. 二项树模型

二项树模型可以用于计算欧式期权价值，也可以在一定程度上计算美式期权的价值。一期二项树和两期二项树的期权价值模型分别为

$$f=e^{-rT}[pfu+(1-p)fd]$$

$$f=e^{-2rt}[p^2fuu+2p(1-p)fud+(1-p)^2fdd]$$

其中，f 代表买方期权或者卖方期权的价值，T 代表期权行权期限，t 代表每期的时间长度。p 被称为假概率，在模型中的数学地位相当于标的资产价格在一期中上升的概率；相应地，$(1-p)$ 相当于标的资产价格在一期中下降的概率。p 一般不需要经过专门估计，而是可以依据其他参数计算出来，这也是它被称为假概率的原因。u、d 分别代表标的资产价值一次上升后为原来的倍数和一次下降后为原来的倍数。fu、fuu 分别代表标的资产价值一次和两次上升后期权的价值；fd、fdd 分别代表标的资产价值一次和两次下降后期权的价值。fud 代表标的资产价值一次上升和一次下降后期权的价值。

在多期二项树下可以通过判断在各期末实物期权提前执行的必要性倒推计算各期末实物期权的价值，从而可以计算美式实物期权的评估基准日价值。u、d、p 的取值可以根据实际情况进行专门估计，也可以根据公式计算确定。计算 u、d、p 的最简单公式如下：

$$u=e^{\sqrt{t}}$$

$$d=e^{-\sqrt{t}}$$

$$p=\frac{e^{rT}-d}{u-d}$$

在应用二项树模型时，可以根据需要将期权的行权期限划分为任意多个变化期，从而可以增加在期权到期时标的资产价值及对应的期权价值的可能值。一般而言，划分的期数越多，评估结论越精确。在实物期权的评估中，由于基础数据的估计不可能很准确，通过增加期数提高评估结论的准确性意义不大。从实际评估效果考虑，建议一般采用一期或者两期二项树模型即可。

选择二项树模型估算实物期权价值的步骤如下：

第一步，计算 u、d 和 p。

第二步，计算到期实物期权的各种可能值，如一期二项树下为 fu 和 fd；两期二项树下为 fuu、fud 和 fdd。

第三步，计算实物期权到期的期望价值，如一期二项树下为 $pfu+(1-p)fd$；两期二项树下为 $p^2fuu+2p(1-p)fud+(1-p)^2fdd$。

第四步，按无风险收益率折现上述期望价值，得出实物期权的评估基准日价值。

三、实物期权法评估案例

在各类知识产权中，实物期权方法对专利技术评估最为适用。但是，大多数在采用实物期权方法评估专利价值时，忽略了专利作为知识产权的特有风险——法律风险。而法律风险的出现，并不会削弱实物期权方法的适用性，法律风险完全可以视为专利未来获取现金流过程中的一项看跌期权。基于这个思想，建立诉讼风险下专利权价值的实物期权模型，并采用二项树模型进行计算，确定专利权的价值。

1. 诉讼风险下专利权价值模型

假设一个企业的创新者拥有一个专利，这个专利的有效保护期为 T。商业化专利产品的净现金流 Π_t 服从下面随机过程：

$$d\prod_t = \alpha\prod_t dt + \sigma\prod_t dW_t,\ \prod_0 > 0. \tag{1}$$

这里 α（$\alpha < r$）是在风险中性概率 P^* 下的风险调整后的漂移率，r 为无风险利率，σ 是净现金流的标准差，它反映市场风险。dW_t 是在 P^* 下的标准 Brown 运动的增量。我们假设当前时刻（$t=0$）的净现金流 $\prod_0 > 0$，因为对专利在研发（R&D）过程已投资了很高的成本，专利产品的净现金流通常是一个增值的过程，如医药专利，专利产品的生产成本较小，专利产品的净现金流总是严格大于零的。

由于专利与生俱来的法律特性，随时可能被潜在竞争者诉讼，假设挑起诉讼的机构为不进行生产的单纯研究机构，如果该机构向法院提起诉讼，胜诉概率为 p，败诉概率为 $1-p$。若机构胜诉，企业则向该科研机构赔偿 ζ 比例的过去净现金流，$\zeta \in [0,\ 1]$，该 ζ 通常由法院裁决为某一已知常数，并且该专利将归还给科研机构所有。此时胜诉机构对未来专利价值的获取有两种选择：一种是拍卖专利，拍卖价值为 $f(\prod_t,\ T-t)$，该函数是当前净现金流的增函数，是剩余专利到期时间 $T-t$ 的增函数，特别假设当 $t=T$ 时得到专利的残值。机构与企业协商，让企业继续经营并支付给机构 θ 比例的未来净现金流，$\theta \in [0,\ 1]$，这个 θ 机构与企业讨价还价的结果。θ 数值大小与拍卖价值密切相关，因为企业不愿支付较高的 θ，但如果 θ 太小机构会选择拍卖，因此拍卖价值 $f(\prod_t,\ T-t)$ 是唯一讨价还价博弈的均衡解。

基于以上分析，假设 $f(\prod_t,\ T-t) = A\prod_t + (k-A)\ e^{-(r-\alpha)(T-t)}$，$A$，$k>0$ 为常数。有 $\partial f/\partial \prod_t > 0$，$\partial f/\partial (T-t) > 0$。$A$ 为拍卖价值因了，A 的大小显示胜诉者对专利未来价值要求的高低。专利到期时，由于竞争等因素，失去保护的专利带来的现金流大幅减少，本模型中专利到期后产生的现金流全部贴现到 T 时刻，以专利残值 $k\prod_T$ 表示，k 为残值因子，k 竞争越激烈值越低。关于诉讼成本有两种方式：一种是美式规则，即诉讼的当事双方各自支付律师的费用；而另一种是欧式规则，即诉讼当事双方的律师费由败诉一方支付。本文采用美式规则，假设企业和科研机构的诉讼成本分别为 L_I 和 L_C。

根据上面专利的特征，潜在科研机构根据他所观察到的市场需求情况（由净现金流Π_t决定）和诉讼成本等因素选择最优的诉讼时间 $\tau \in [t, T]$。这就决定了企业对专利的投资价值是不确定的，我们把这种不确定性称为专利风险。专利风险是本文分析重要因素之一，专利风险具有期权的特征，相当于企业卖空一个诉讼期权，因此把专利的价值可看成在一个标的资产（Π_t）和卖空一个诉讼期权上的复合期权价值。

首先确定专利商业化项目支付，考虑专利诉讼风险，即潜在的挑战机构持有诉讼空头期权。专利诉讼期权的价值为

$$F_C(\Pi_t) = \sup_{\tau \in [t,T]} E_{P*} \left[p\left(\zeta \int_t^T e^{-r(s-t)} \Pi_s ds + \left(A - (A-k) e^{-(r-\alpha)(T-t)} \right) \Pi_\tau e^{-r(\tau-t)} \right) - e^{-r\tau} L_C \right]$$

$$= E_{P*} \left[p\zeta \int_t^T e^{-r(s-t)} \Pi_s ds + pA\Pi_t e^{-(r-\alpha)(\tau^*-t)} - p(A-k) \Pi_t e^{-(r-\alpha)(\tau^*-t)} e^{-(r-\alpha)(T-t)} - e^{-r(\tau^*-t)} L_C - p\zeta \int_{\tau^*}^T e^{-r(s-t)} \Pi_s ds \right]$$

$F_C(\Pi_t)$进行分解后得到上式，式中第一项与 τ^*（挑战者最优诉讼时间）无关。

专利商业化后的总收益：

$$V_I(\Pi_t) = E_{P*}\left[\int_t^T e^{-r(s-t)} \Pi_s ds + k\Pi_T e^{-r(T-t)} \mid F_t \right] - F_C(\Pi_t) - E_{P*}\left[e^{-r(\tau^*-t)} (L_I + L_C) \right]$$

$$= E_{P*}\left[\int_t^T e^{-r(s-t)} \Pi_s ds + k\Pi_t e^{-(r-\alpha)(T-t)} \mid F_t \right] - F_C(\Pi_t) - E_{P*}\left[e^{-r(\tau^*-t)} (L_I + L_C) \right]$$

专利商业化期权的价值，是建立在专利项目和卖空诉讼期权组合上的看涨期权。专利价值表达式如下：

$$F_I(\prod_t) = \sup_{\tau \in [t,T]} E_{P*}\{e^{-r(\tau-t)}[V_I(\prod_\tau) - I]\} = E_{P*}\{e^{-r(\tau**-t)}[V_I(\prod_{\tau**}) - I]\}$$

其中 τ^{**} 为企业在专利风险下对专利商业化开发的最优停时。

2. 二项树求解专利权价值

专利保护期总是有限的，诉讼期权和商业化的价值只能利用数值方法求解。首先利用 *Trigeorgis* 的对数变化二项式法，将方程离散化

$$\prod_{t+\Delta t} = \prod_t exp\left[\left(\alpha - \frac{1}{2}\sigma^2\right)\Delta t + \sigma\Delta W_t\right]$$

$$X_t = ln(\prod_t),\ \Delta X = ln(\prod_{t+\Delta t}/\prod_t) = \left(\alpha - \frac{1}{2}\sigma^2\right)\Delta t + \sigma\Delta W_t$$

$$= \left(\alpha/\sigma^2 - \frac{1}{2}\right)\sigma^2\Delta t + \sigma\Delta W_t = \mu\Delta u + \sigma\Delta W_t$$

$$\mu = (\alpha/\sigma^2) - \frac{1}{2},\ u = \sigma^2 t,\ \Delta u = \sigma^2\Delta t,\ \Delta t = T/n,$$

$$E[\Delta X] = \mu\Delta u = q\Delta X - (1-q)\Delta X = 2q\Delta X - \Delta X,$$

$$Var[\Delta X] = \Delta u = E[\Delta X^2] - (E[\Delta X]^2) = \Delta X^2 - (E[\Delta X]^2),$$

可得风险中性概率 $q = \frac{1}{2}\left(1 + \mu\frac{\Delta u}{\Delta X}\right)$，$\Delta X = \sqrt{\Delta u + (\mu\Delta u)^2}$。

二项式树模型进行对数变换如图 5 所示：

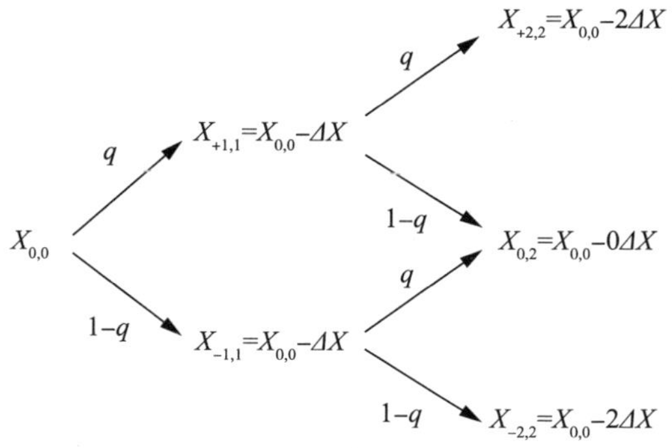

图 5　二项树模型的对数变换

利用上面对数变换的二项式模型，只要确定标的资产在每个结点处的价值，就容易计算现金流的现值，从到期时间 T 时开始向后递归。

对数变换后的 X_t，指数计算还原为 $\prod_{i,n}=exp(X_{i,n})$，得到利润现金流的二项树。基于利润流二项树计算每个节点利润流的贴现值，从最后节点开始，在专利到期时间 T 利润流现值为专利到期残值：$V_{i,n}=k\prod_{i,n}$.

对到期前的各个阶段，现金流的期望现值为

$V_{i,j}=\prod_{i,j}\Delta t+e^{-r\Delta t}[q\prod_{i+1,j+1}+(1-q)\prod_{i-1,j+1}]$，$j=0$，1，2，……，$n-1$.

采用动态规划技术，计算诉讼期权的价值，

$$F_C(\prod_{i,n},\ n\Delta t)=max\{pk\prod_{i,n}-L_C,\ 0\}$$

在 T 之前各个阶段，诉讼期权价值为

$$F_C(\prod_{i,j},\ j\Delta t)=max\{p\ (A\prod_{i,j}-\ (A-k)\ \prod_{i,j}e^{-(r-\alpha)(n-j)\Delta t})\ -L_C,$$
$$p\zeta\prod_{i,j}\Delta t+e^{-r\Delta t}(qF_C(\prod_{i+1,j+1},(j+1)\Delta t)+(1-q)F_C(\prod_{i-1,j+1},(j+1)\Delta t))\}$$

在诉讼期权价值基础上，得到挑战者的诉讼决策，诉讼决策结果和相应诉讼期权价值 $F_C(\prod)$ 是专利商业化项目价值的组成部分。在专利保护期末，企业获得专利商业化项目收益为

$$V_I(\prod_{i,n},\ n\Delta t)=V_{i,n}-F_C(\prod_{i,n},\ n\Delta t)-\begin{cases}L_I+L_C & \tau^*=T\\ 0 & \tau^*\neq T\end{cases},$$

在 T 之前各阶段的每个节点，专利商业化项目收益为

$$V_I(\prod_{i,j},\ j\Delta t)=V_{i,j}-F_C(\prod_{i,j},\ j\Delta t)-\begin{cases}L_I+L_C & \tau^*=t\\ 0 & \tau^*\neq t\end{cases}.$$

最后，计算具有诉讼风险的弱专利价值。在 T 时，弱专利项目投资期权价值为 $F_I(\prod_{i,n},\ n\Delta t)=max\{V_I(\prod_{i,n},\ n\Delta t)-I,\ 0\}$,，同理向后递归，$T$ 以前各个节点处的弱专利价值为：

$$F_I(\prod_{i,j},\ j\Delta t)=max\{V_I(\prod_{i,j},\ j\Delta t)-I,$$
$$e^{-r\Delta t}\ (qF_I(\prod_{i+1,j+1},\ (j+1)\Delta t)\ +(1-q)F_I\ (\prod_{i-1,j+1},\ (j+1)\Delta t))\}$$

假设 $p=0.5$，$\Pi_0=5$，$r=0.1$，$\alpha=0.05$，$\sigma=0.2$，$T=20$，$L_C=10$，$A=15$，$k=2$，$\zeta=0.2$，$L_I=10$，$I=10$，$\Delta t=T/n=20/500=0.04$。经过数值模拟，在 $t=0$ 时，专利诉讼期权价值和企业专利投资期权价值如下：$F_C(\Pi_0,\ t=0)=15.54$，挑战机构执行诉讼；$F_I(\Pi_0,\ t=0)=34.50$，企业在对应专利诉讼风险下仍选择进行投资。

从以上案例可以发现，实物期权价值评估较为复杂。无论是模式的设计，还是数值计算，都需要良好的数学知识和仿真能力的储备。这也是实物期权方法的难点所在，对该方法的推广形成障碍。

第十一章　蒙特卡洛模拟法

一、蒙特卡洛模拟法基本原理

蒙特卡洛模拟（Monte Carlo Simu lation）是一种重要的解决不确定性数值的风险分析方法。其通过寻找一个概率统计的相似体并用实验取样过程来获得该相似体的近似解，利用计算机等现代工具处理数学问题的一种手段。蒙特卡洛模拟依据每个模拟变量的概率分布，随机产生大量的样本，根据预先确定的计算模型产生模拟结果，形成一种模拟情景。当模拟次数足够多时，可以认为模拟情景反映了模拟变量所发生的各种变化，得到的模拟结果也反映了统计学意义上的各种可能发生的情景和不确定性变化。该方法的理论基础是大数定理，即当实验次数足够多时，可以用频率估计概率，用随机变量的平均值估计期望。

蒙特卡洛模拟方法的基本原理为：假定函数 $Y=F$（X_1，X_2，…，X_n），其中变量 X_1，X_2，…，X_n 的概率分布已知。蒙特卡洛模拟方法通过一个随机数发生器随机抽样一组随机变量，然后根据已知函数关系得到对应的，反复独立抽样多次（$i=1$，2，…，n），得到函数 Y 的一批抽样数据 Y_1，Y_2，…，Y_n，当模拟次数足够多时，便可计算与实际情况相近的函数 Y 的概率分布及其数字特征。

二、蒙特卡洛模拟在专利评估中的应用

前面介绍了实物期权评估专利技术，构建的价值模型往往没有解析解，只能通过数值模拟等方法求的可行解。蒙特卡洛模拟方法能够对连续的随机过程进行模拟，这是二项树等方法所不具备的。由于独特性是专利的本质属性，专利定价是在不满足无套利条件的情况下进行的，我们必须使用某种数值方法来解析期权定价模型。作为一类重要数值分析方法，Monte Carlo 模拟方法具有两个比较明显的优势：一是比较灵活、易于实现和改进，所以应用领域非常广阔；二是其估计的标准差独立于解决问题的维数，这个特点使 Monte Carlo 模拟非常利于解决复杂的实物期权定价模型。从专利评估来说，要对专利回报现金流需要进行离散化模拟，至少需要将 20 年的专利最大有效期限划分为数十段才能取得比较好的拟合效果。因此在维数特征上具有明显优势的 Monte Carlo 模拟方法是我们的必然选择。我们在建立专利实物期权定价的理论模型基础上，通过 Monte Carlo 模拟方法的应用，可以很容易地实现。

首先，将专利的最大有效期限均分为 n 个时间段，时间轴上将有 $n+1$ 个节点，分别是 t_0，t_1，…，t_n，分段要达到一定的数量以确保离散化效果；其次，根据专利成果回报函数和初始回报 C_0，应用随机数发生器产生一串离散的回报现金流 C_1，C_2，…，C_n；再次，使用随机数发生器，根据随机利率模型，产生一串短期利率 r_1，r_2，…，r_n，作为每个时间段上的折现利率；最后，根据我们上面的分析，利用上面两步模拟得到的数据，从后向前依照实施专利的触发条件决定每个时间点上的决策，形成专利实物期权的实施路径，并得到该路径初始点 t_0 的价值 V。将上述全部过程重复若干次，结果的算术平均值即作为最终的专利价值。

三、蒙特卡洛模拟方法评估专利价值案例

在实物期权定价领域，专利保护下 R&D 投资项目的价值评估仍然是最具挑战性的难题之一，因为该项目过程中包括多个不确定性来源，而且各不确定性之间相互影响并关系复杂。在最小二乘蒙特卡洛模拟法（LSM）出现以前，一直都没有有效的解决方法。当期权价值受到多个因素影响且路径相关时，传统的有限差分法和二叉树技术都不再有效。同时，单纯蒙特卡洛模拟无法在每个时间点计算继续项目（继续持有退出期权不执行）的期望支付，因而难以确定美式期权的最优执行时间。LSM 的关键技术是，能够使用最小二乘法在全部后期信息基础上估计出各路径上当期的条件期望支付。在本案例中，考虑多种不确定性，存在多个期权之间相互影响，且多个期权具有美式期权的性质。因此，本案例采用最小二乘蒙特卡洛模拟方法，进行专利权价值的评估和分析。

基于实物期权理论，我们将诉讼风险内生化为一个卖空的诉讼期权，专利总体价值是专利投资项目与诉讼期权价值之和，专利权价值等于有专利权保护和无保护状态下包括诉讼期权的项目价值之差。

1. 专利权价值评估模型

假设企业持有一项创新，商业化之后创新可成为上市销售的产品。企业是行业中具有生产能力的在位者，将利用创新自行开发并生产销售，且假设企业只有这一个项目。在产品上市之前，存在一段产品开发期。从零时开始，该企业分阶段每期投资 I，直到某 $t* \in [0, T]$ 时刻开发剩余成本 K 减少至零。一旦开发完成，企业开始收入正的现金流 C。当市场前景不佳时，企业可以选择最优放弃时间 $\tau \in [0, t*]$ 来退出项目。假如该创新申请并得到专利保护，专利到期时间为 T，且到期后由于市场模仿者强有力的竞争该企业现金流将急剧减少。在诉讼风险情境下，专利权有效性

的挑战者（提起诉讼的竞争者）会对该企业的最优投资决策产生显著影响。假设企业创新对另一个相关的已有专利存在侵权的可能，且可能被侵权专利的所有者是某个行业外研究型机构，即该机构不愿或者没有能力对持有专利进行商业化运作。该行业外机构作为企业专利有效性的挑战者，或者是企业创新技术（无专利情形下）侵权诉讼发起者，以下统称为挑战者，将选择合适时间 $\tau^* \in [t^*, T]$ 发起诉讼。假如诉讼成功，挑战者将获得损害赔偿和对企业未来现金流按比例提成的权益。

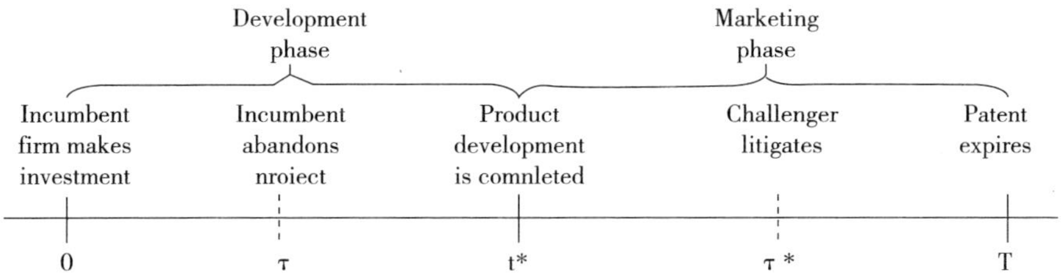

图 11－1 项目开发过程中的决策时间轴

本模型的决策时间轴如图 11－1 所示。模型包括两个重要决策。挑战者首先估计诉讼成功概率、诉讼成本和产品未来利润率，然后做出是否诉讼以及何时发起诉讼最优的决定。显然，挑战者的诉讼决策对企业投资决策有着非常大的影响。企业将考虑项目是否值得继续投资，以及放弃项目的最佳时机。

假设有一研发项目，项目完成所需成本满足以下随机过程：

$$dK = -Idt + \sigma_K \sqrt{IK}dz + \gamma_K Kdy$$

$$dI = \mu_I Idt + \sigma_I Idz$$

其中，dz 和 dy 都是布朗运动的增量，I 为每期投资且服从等式（2）随机过程。等式第一项表示上一期增加的投资（$-Idt$）因而本期剩余的完成项目所需成本减少；第二项 σ_K（$\sqrt{IK}$）dz，是均值为零、方差与单期投资 I 和成本期望 K 线性相关的 σ_K^2 的随机过程，这一项用以表示技术不确定性；γ_K 体现单期投入成本的不确定性。由于投资率 I 和投资规模 K 都是事先不确定的，就意味着项目完成时间也是不确定的。

项目开发完成后，净现金流满足以下表达式：

$$dC = \mu_C C dt + \sigma_C C dw$$

其中，μ_C 表示漂移率，σ_C 为现金流波动率，dw 是布朗运动的增量。

挑战者决定是否诉讼并选择最优诉讼时间 τ，使其期望支付最大化。因此，诉讼期权相当于持有创新（专利）企业卖空一个美式看跌期权。

按照美式专利法规，诉讼费用由双方共同承担，以 L_1 和 L_2 分别表示企业和挑战者的诉讼成本。而且，挑战者诉讼成功的概率 p 作为专利质量的测度，概率 p 越高专利质量越低。假如诉讼成功，挑战者获取损害赔偿，等于诉讼时间 τ 以前企业项目现金流的一定比例，比例为 $\zeta \in [0,\ 1]$。此外，挑战者将对企业项目未来现金流按比例 $\theta \in [0,\ 1]$ 进行提成。由于在诉讼后挑战者能够执行监管，未来提成比例 θ 会明显高于以往赔偿比例 ζ。挑战者发起诉讼的期望支付可表示为

$$V_2(C_\tau) = p\Big(\zeta\Big(\int_{t^*}^{\tau} e^{r(\tau-s)} C_s ds + 1_{\{\tau=T\}} MC_T\Big)$$

$$+E[\theta(\int_{\tau}^{T} e^{-r(s-\tau)} C_s ds + 1_{\{\tau<T\}} e^{-r(T-\tau)} MC_T) \mid F_\tau]) - L_2$$

其中，$t^* \equiv min\{inf(t \geqslant 0 \mid K=0),\ T\}$，是项目开发完成时间；$E\ [.\mid F]$ 是条件期望算子；T 是专利到期时间；M 是净现金流乘数。由于专利有效期是有限的，所以在专利到期后净现金流会急剧减少。为计算方便，且不影响最终结论，对实际情况进行了简化，在专利到期后项目的净现金流总值假设等于专利到期时该期现金流 C（T）的 M 倍。给定诉讼时间 τ 时的信息，对所有时间 $t \leqslant \tau$ 现金流状态是已知的。诉讼时间 τ 之后的现金流仍然是不确定的，可以在其所有可能状态上计算其期望。通过选择最优诉讼时间，可以使期望支付最大化。在项目开发完成时间 t^* 时，诉讼期权的价值为

$$F(C_{\tau^*}) = \sup_{\tau \in [t^*, T]} E\{e^{-r(\tau-t^*)}[V_2(C_\tau) - L_2]^+\} = E\{e^{-r(\tau^*-t^*)}[V_2(C_{\tau^*}) - L_2]^+\}$$

其中 $\tau*$ 是最优诉讼时间。

在 $t*$ 时刻，考虑诉讼风险后，企业商业开发的总支付为

$$V_1(C_{t*}) = E\left[\int_{t*}^{T} C_{t*}e^{-r(s-t*)}ds + MC_Te^{-r(T-t*)} \mid F_{t*}\right]$$

$$-F(C_{t*}) - E[1_{\{\tau*\leq T\}}e^{-r(\tau*-t*)}(L_1+L_2)]$$

商业化的现金流的期望现值，减去诉讼期权的价值以及诉讼成本现值。从实物期权角度，可以理解为企业持有一个商业化项目，并同时卖空一诉讼期权。在开发阶段，项目前景不看好时，企业可以放弃项目。从一开始，退出期权就包括在内。在项目开发完成之前，企业会在完成项目所需的剩余成本和项目继续情况下期望价值之间进行权衡。假如继续项目的期望价值高于剩余成本的期望，企业会选择继续项目，包括在此后放弃项目或坚持到项目开发完成。否则，企业会执行退出期权，中止项目开发。因此，项目在零时的价值为

$$F_1(C_0,\ K_0,\ t=0) = max\left\{-\int_0^{t*} e^{-rs}I_s ds + e^{-rt*}V_1\ (C_{t*}),\ 0\right\}$$

专利权价值等于专利保护下项目价值和无保护下项目价值之差。没有专利保护的项目，项目开发成本与专利项目相同，但项目现金流有很大差别。本模型假设无保护下项目现金流与专利项目现金流呈比例关系，该比例定义为 Q，且 Q 满足以下随机过程：

$$dQ = \mu_Q Qdt + \sigma_Q Qdz$$

当计算得到专利项目价值和无保护项目价值时，专利权价值可由下式得到

$$V_{patent} = V_{protected} - V_{unprotected}$$

其中，V_{patent} 为专利权价值，$V_{protected}$ 为专利保护下项目价值，$V_{unprotected}$ 为无保护下项目价值。

2. 蒙特卡洛模拟过程

本案例模型中不止一个期权，包括放弃期权和诉讼期权。两个期权有着

相同的标的资产——项目产出的净现金流。执行放弃期权，不再发生项目现金流，以此为标的资产的诉讼期权也随之消失。同样，诉讼期权的执行会改变退出期权的标的资产的价值，即由原来项目总价值 V 减去诉讼期权期望价值后，降低为 V'。因此，两个期权会相互影响，单独计算每个期权价值再简单相加是不合理的。本案例拓展 *LSM* 在处理多个相互作用的期权上的应用，计算复杂 *R&D* 项目价值。具体解决方法，在下面分 4 步介绍。

第一步，模拟 10，000 条路径，每条路径包括 4 个变量的样本值：K_i，I_i，C_i 和 Q_i。每条路径独立确定项目开发完成时间 t^*，即项目成本 K_i 首次达到零的时间。

第二步，采用向后递归的方法，先分析市场阶段。市场阶段，通过动态规划计算诉讼期权的价值。假设挑战者只在创新产品上市后才能感知到侵权的可能，即诉讼期权只存在于项目开发完成后的时段内。挑战者诉讼成功的概率 p 服从 0－1 分布，可生成诉讼结果序列 P_S：

$$P_S = \{P_{Si} \in \{0,1\}, P(P_{Si}=1)=p, P(P_{Si}=0)$$
$$=1-p, 0 \leqslant p \leqslant 1, i=1,2,\cdots m.\},$$

P_S 中每个元素对应一条模拟路径的诉讼结果。

将整个时间段 T 分为 n 个时间段，每段步长为 $\Delta t = T/n$。为适应计算要求，将起始时间 $t=0$ 称为阶段 1，项目结束时间 T 时称为阶段 $n+1$，项目开发完成时间称为阶段 n_d，诉讼发生时间为阶段 n_L。

对每条路径，在 n_{di} 后每个阶段，计算立即执行（诉讼）的价值。在专利到期前项目开发已完成，即 $n+1$ 时开发成本已达 0 的路径，有 $Exe(C_{n+1},\ (n+1)\Delta t) = [\zeta A_{n+1} + \theta P_{n+1} - L_2]^+$。在 n_{di} 之后 $n+1$ 之前的每个阶段，通过 $Exe(C_j,\ j\Delta t) = [(\zeta A_j + \theta P_j) - L_2]^+$ 计算 j 时立即诉讼价值，其中 A_j 为从 $n_{di}+1$ 到 j 时的现金流在 j 时的贴现，P_j 为 j 时到 $n+1$ 时现金流在 j 时的贴现。对那些专利到期前都未完成开发的路径，各阶段 A_j 和 P_j 的值均为零。

在各路径相应阶段的立即执行价值基础上，计算诉讼期权价值。在专利到期时间 T（阶段 $n+1$），如果开发成本为零，有：

$$F_2[C_{n+1},\ (n+1)\Delta t]=\begin{cases}Exe_{n+1},\ ifExe_{n+1}>0,\\0,\ otherwise.\end{cases}$$

在 n_{di} 之后 $n+1$ 之前每个阶段，挑战者必须做出决定：当期立即诉讼，或者继续保持期权到下一阶段。期权继续价值 Con_j，通过计算期权未来价值的条件期望获得。对项目开发已完成的路径，该阶段期权继续价值的条件期望，通过对后一阶段诉讼期权价值的贴现值，即 $e^{-r\Delta t}F_2[C_{j+1},\ (j+1)\Delta t]$，进行回归估计得到，回归方程是以现金流状态为变量的基本函数。具体表达式为：

$$\hat{Con}_j=E_{P*}\{e^{-r\Delta t}F_2[C_{j+1},\ (j+1)\Delta t]\mid F_j\}=a_0+a_1C_j+a_2C_j^2,$$

其中，a_k 是回归系数，最小二乘回归法得到的估计值 $\hat{Con}_j$，是条件期望 Con_j 的无偏线性估计量。现在，可以比较 j 时立即执行价值和期权继续价值。假如立即执行价值大于继续期权价值，挑战者立即诉讼，否则继续持有期权。过程表示如下：

$$F_2(C_j,\ j\Delta t)=\begin{cases}Exe_j,\ ifExe_j>\hat{Con}_j,\\e^{-r\Delta t}F_2[C_{j+1},\ (j+1)\Delta t],\ otherwise.\end{cases}$$

计算诉讼期权价值的向后递归过程，沿着时间轴逐阶段进行，直到项目开发完成时间 n_{di} 为止。每条路径上的最优诉讼时间 n_{Li}，通过上述过程同时确定。挑战者确定了诉讼决策，但每条模拟路径上诉讼结果与挑战者决策独立，诉讼期权的价值只有在诉讼成功时才能实现，如果诉讼失败挑战者必须承担相应损失——诉讼成本。因此，在阶段 $n_{di}+1$ 诉讼期权的价值应该表示为

$$F_2[C_{n_{di}+1},\ (n_{di}+1)\Delta t]=\begin{cases}F_2(C_{n_{Li}},\ n_{Li}\Delta t)exp[-r\Delta t(n_{Li}-n_{di}-1)],\ ifP_{Si}=1,\\-L_2exp[-r\Delta t(n_{Li}-n_{di}-1)],\ ifPb_{Si}=0.\end{cases}$$

按照同样的方法，没有专利保护情况下，$n_{di}+1$ 时诉讼期权的价值 $F_2[Q_{n_{di}+1}C_{n_{di}+1},\ (n_{di}+1)\Delta t]$ 可以计算得到。

第三步，项目开发阶段的模拟计算。类似的，我们采用向后递归法计算包括诉讼期权在内的项目价值。对每条路径 i，阶段 $n_{di}+1$ 时项目价值 $V_1[C_{n_{di}+1},\ (n_{di}+1)\Delta t]$，可由下式得到：

$$V_1[C_{n_{di}+1},\ (n_{di}+1)\Delta t]=$$

$$\begin{cases} A_{n_{di}+1}+P_{n_{di}+1}-F_2[C_{n_{di}+1},\ (n_{di}+1)\Delta t]-e^{-r(n_{Li}-n_{di}-1)}(L_1+L_2),\ if n_{Li}>0, \\ A_{n_{di}+1}+P_{n_{di}+1},\ if\ n_{Li}=0. \end{cases}$$

对每条路径，沿着时间轴重复与诉讼期权类似的递归过程，分别计算放弃期权执行价值和期权继续价值，二者进行比较，以确定放弃期权的最优执行时间。对没有执行放弃期权的路径，最优放弃期权执行时间为预设的项目开发完成时间。项目价值逐阶段递归，直到阶段 1（$t=0$ 时处）。然后，对所有路径项目价值取平均值，我们得到有专利权保护情况下项目的价值 $V_{1p}(C_0,\ K_0,\ t=0)$。类似地，无保护下项目价值 $V_{1u}(Q_0C_0,\ K_0,\ t=0)$ 计算可得。

第四步，计算专利权价值。通过等式（9），专利权价值直接计算得到：

$$V_P=V_{1p}(C_0,\ K_0,\ t=0)-V_{1u}(Q_0C_0,\ K_0,\ t=0)。$$

3. 蒙特卡洛模拟的数值结果

本案例有关参数设置见表 11－1。

表 11－1　数值分析参数设置

参数项	示值	参数项	示值
项目开发总成本（K_0）	1.83 百万	无风险利率（r）	0.093
方差（σ_K^2，γ_K^2）	0.411	专利到期后残值因子（M）	3.5
每年投资（I_0）	0.52 百万	专利到期时间（T）	17.5 年
漂移率（μ_I）	0.02	模拟分步时间步长（Δt）	0.5 年

续表

参数项	示值	参数项	示值
方差（σ_I^2）	0.411	诉讼成功概率（p）（或专利质量）	0.5
每年净现金流（C_0）	0.8（百万）		
漂移率（μ_C）	0.02	事前现金流赔偿比例（ζ）	0.1
方差（σ_C^2）	0.411	事后现金流提成比例（θ）	0.5
无保护下市场比例（Q_0）	0.45	企业诉讼成本（L_1）	5（百万）
漂移率（μ_Q）	0.02	挑战者诉讼成本（L_2）	1（百万）
方差（σ_Q^2）	0.411	模拟次数（m）	10,000

本案例模拟采用对偶变量技术，以提高收敛性并减小方差，每次模拟随机生成5,000对对偶数据序列，足够保证敏感性分析的准确性。在生成10,000条随机路径基础上，分别得到10,000个专利保护下项目价值和无保护下项目价值，从而获得10,000条专利权价值的结果。模拟结果的分布如图7所示。

在图11－2中，（a）和（b）分别显示了专利保护下项目价值和无保护下项目价值的分布状态，二者有明显差异。专利保护下项目价值分布的均值为2.2612百万，而无保护下项目价值只有1.4342百万，与直觉一致明显较低。项目价值等于或小于0的项目，即图中处于0及0左方的分布，表示项目过程中执行退出期权的频率。项目价值为零意味着项目一开始就被放弃，因而也没有产生任何损失。无保护下的项目比专利保护下项目更有可能被企业放弃。无论有无专利保护，项目价值为正的概率都低于50%，当然专利项目价值为正概率（31.18%）仍然显著高于无保护的项目价值为正的概率（14.16%）。但是，一开始就放弃项目没有任何损失的概率，无保护状态下要高于有专利保护的情况（62.4%比43.09%）。同样，项目价值非负的概率，无保护状态下也要稍高于专利保护下情况。这意味着投资者对没有专利保护的项目，更多的是在还未投资前就放弃了。此外，无保护项目最低价值为－11.49百万，而专利保护项目最低价值－19.34百万，明显更低。这说明如果管理上出现判断失误，专利保护项目的损失反而大于无保护项目。

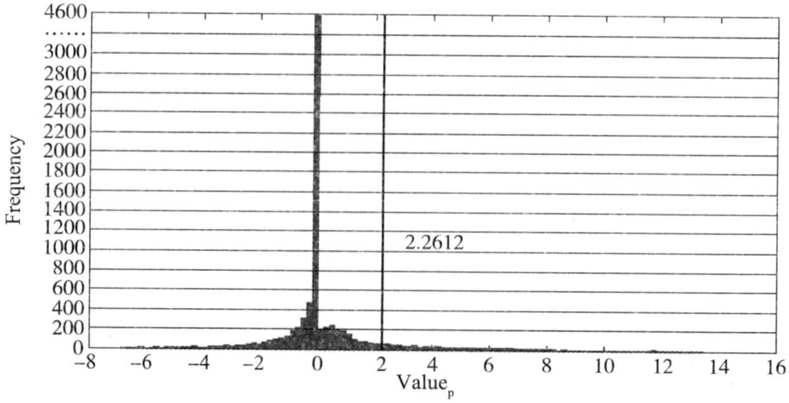

（a）专利保护下项目价值

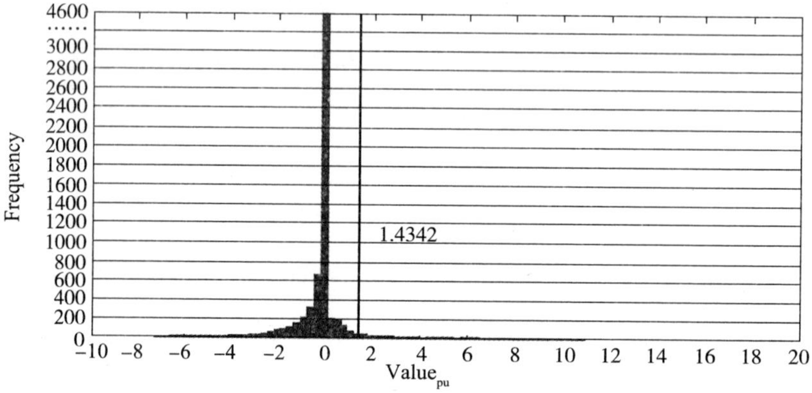

（b）无保护下项目价值

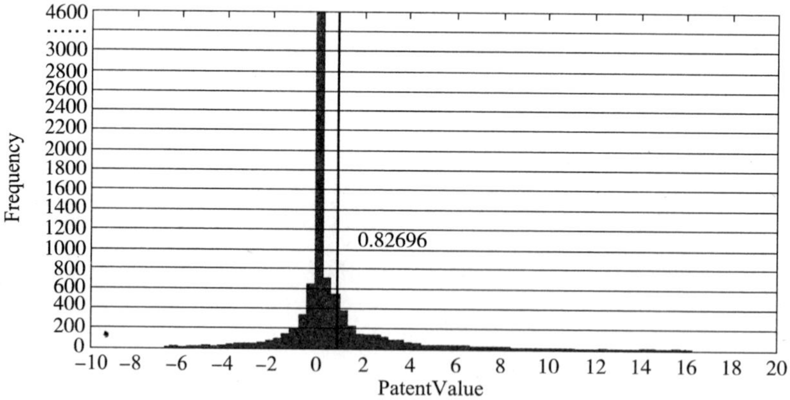

（c）专利权价值

图 11－2　诉讼风险下项目价值和专利权价值

因此，专利保护下的项目一方面具有更多的盈利机会，但同时又承受着更大的风险，因为专利保护下企业往往不愿退出项目，而一旦项目失败又会遭受更大损失。图 11 –2（c）给出了专利权价值分布情况，是（a）和（b）中项目价值之差。由图可知，专利权价值（价值分布的均值）为 0. 827 百万，专利权价值约为专利项目价值的 36. 57%，该比例即专利权为专利项目价值所做贡献部分。

|第四部分|

Intellectual Property

知识产权评估的相关实践

4

第十二章　知识产权评估工具

一、知识产权评估工具现状

随着知识产权逐步成为企业核心盈利资产，知识产权评估业务的重要性，近年来才得到快速提高。因此，早期市场上推出的资产评估工具，出于成本考虑，很少有针对知识产权的评估软件。资产评估工具主要包括两方面：评估软件和专业数据库。

1. 评估软件

资产评估是一个学科多样化，人员知识密集型的行业，其业务涉及各种产业和不同形态的各类产品。因此，掌握国家有关的法规政策、了解各类资产及其相关的专业技术发展水平以及行业准则、各类资产在市场中的价格等信息就成为资产评估的重要基础工作，信息的收集、整理、应用和管理也就成为评估行业工作的一项重要内容，这些工作能够通过开发评估软件来实现，尽可能多地取代人工作业，减轻评估人员工作负担，提高评估的工作效率。

一些专业软件公司根据评估机构需要和业务特点，开发了各种辅助评估软件，并得到了一定的推广和使用。通过百度搜索，在搜索结果中排在前列或者出现最为频繁的资产评估软件包括：鼎信诺资产评估软件、上海创造软件的评估系统（ZCPG 资产评估系统、LXPG 资产评估系统）、江城资产评估软件、资产评估大师等。部分评估机构会购买这些评估软件，为评估人员提供辅助。部分规模较大评估机构依托自身的资源优势，已自行开发了专业评估软件，这些软件往往按照评估对象进行针对性的开发，如房屋建筑物评估软件、机器设备评估软件、船舶评估计算系统、资产评估资讯管理系统等。

目前，国内开发的资产评估软件并不多。这些软件符合国家评估行业管理规定，适应新评估准则的要求，满足基本的使用需求，但研发出来的这些评估软件，市场反应并不热烈。主要原因可能集中在以下几点：一是软件的实用性不强，多数软件只是用软件系统代替了原来简单运算，并没有强大的数据库做支撑，没有从根本上实现智能化的评估；二是软件前期设置要求太多，操作有些烦琐，容易出错；三是软件对单体中小型公司评估项目比较适用，对于大型的集团公司评估有些力不从心；四是购置软件成本较高，后期升级维护也需要继续投入费用，对于规模较小的机构来说并不适合。

对于专业面向知识产权评估的软件，更是稀缺。2017 年 2 月 27 日，由国家知识产权局中国专利技术开发公司发起、经国家工商行政管理总局授权批准、专业从事知识产权评估和企业价值分析的权威认证机构——国专知识产权评估认证中心在北京成立。同时，该中心正式发布自主研发的“国专知识产权评估系统 1.0 版”。由于知识产权具有的时效性、无形性、专有性及权利的有限性等固有特征，使知识产权价值存在较大的不确定性因素。比起有形资产，知识产权价值评估更为复杂。从总体上看，知识产权评估能力不强，评估方法单一，评估手段滞后，远不能适应创新驱动发展的市场要求，直接制约了知识产权运营产业的壮大发展。

国专中心的产品包括但不限于：知识产权评估报告、知识产权价值分析报告、基于专利信息的企业价值分析报告、按需定制的知识产权咨询报告。国专评估 1.0 版依托国家知识产权局的全球专利数据库资源及专业的专利分析人才资源，建立了知识产权评估大数据平台，可对每个细分产业、行业、领域中预评专利技术和企业价值进行更科学合理的评估，出具专业、权威的评估报告书。该系统的发布，标志着中国拥有自主的专利评估软件系统和方法工具，对提高知识产权评估质量，打通知识产权全产业链奠定良好的基础。

2. 专业数据库

资产评估业务具有较强的技术性，这种技术性既体现在资产评估科学的评估程序和定价方法上，也体现在资产评估对相关市场信息，特别是可比价格或交易信息的准确获取与应用上。现代信息技术的发展为资产评估业的发展提供了契机，评估机构可以通过建立完善的信息库，实现信息的共享，提高评估的工作效率和评估结果的可信度。体到各种评估方法的应用，无论是成本法中的重置价格，市场法中可比对象的交易价格，还是收益法中对未来收益的预测、折现率等参数的确定，都需要充足的相关市场数据做支持。

目前，评估实务中应用比较普遍的数据库主要有以下类别，单项资产评估数据库、机电产品价格数据库、基准地价数据库、建筑物构筑物造价数据库、企业数据库、金融数据库（如 Wind、Bloomberg）等。其中机电产品价格数据库使用率高于其他数据库，是因为一直以来设备等固定资产的评估业务占据主要地位，而对大多数评估师来说，机电领域不是其专业领域，格外需要专业数据库的支持。此外，宏观经济数据、行业经济数据、企业数据等的利用率也较高。

许多无形资产评估专家认为，知识产权评估困难主要集中在方法的选取、参数的获得以及市场同类价格信息的获取方面。影响知识产权价值的因素分为两方面：内部因素和外部因素。内部因素主要是受资产自身性质影响，对外部宏观环境依赖度较低。影响知识产权价值的宏观因素主要集中在外部因素中。因此，可从影响知识产权价值的外部因素划分为四大方面分别加以研究，即经济因素、社会因素、市场因素和技术因素四个方面，构建宏观参数数据库。

此外，信息需要统一并得以共享，才能发挥更大的社会价值。鉴于目前行业内信息、数据来源途径多样，缺乏统一标准的现状，当前评估信息化建设应着力建立统一的专业信息标准体系，突破时间、地域限制，规范行业的执业标准、信息获取及加工标准，挖掘行业需要的各种社会信息资源，整合分散在各评估机构的行业数据资源，统一信息获取渠道，逐步建立全面的专业数据库，而且还要统一数据的内容、格式、发布渠道等，为资产评估执业人员提供更方便、更可靠的评估参考依据，提高评估机构的工作效率和工作质量。

二、知识产权评估系统

1. 评估系统的流程设计

综合考虑知识产权资产评估方法和系统设计思路，可以分析得出评估系统的技术需求大致包括以下内容：①为评估者提供界面友好、操作简单、可靠性和稳定性较高、维护方便且实用的知识产权资产评估系统；②可以快速选择知识产权评估方法，准确地计算出知识产权的资产价值，并为评估者提供具体的评估结果；③评估系统案例库中建立初级检索和高级检索工具，可以快速、准确地查询到所需知识产权评估的记录信息，方便管理人员和评估人员对所评估的知识产权进行管理和查询。

用户通过登录知识产权评估系统，对评估方法选择或者评估案例查询，通过数据输入、自动测算到数据输出、结果显示，完成对被评估对象的评估过程，得到被评估知识产权的价值。评估系统从知识产权评估实现的角度对系统的所有组成部分进行描述、分析与组织，将知识产权评估方法转换成具体的计算机解决方案的物理模型，在模块化和结构化系统设计的基础上，实现知识产权价值评估和评估案例查询两个主要功能。评估系统整体数据流程包括信息输入、参数选取、计算处理和结果输出，评估系统存储可输出的信息源包括评估指标信息、评估结果信息和用户信息。

2. **评估系统的模块设计**

知识产权评估系统从功能模块设计上主要分为数据管理模块、评估方法模块、案例查询模块和系统维护模块 4 个部分，各个不同的功能模块可以相应地分解、展示和实现具体程序与步骤。评估系统的整体功能结构如图 12－1 所示。

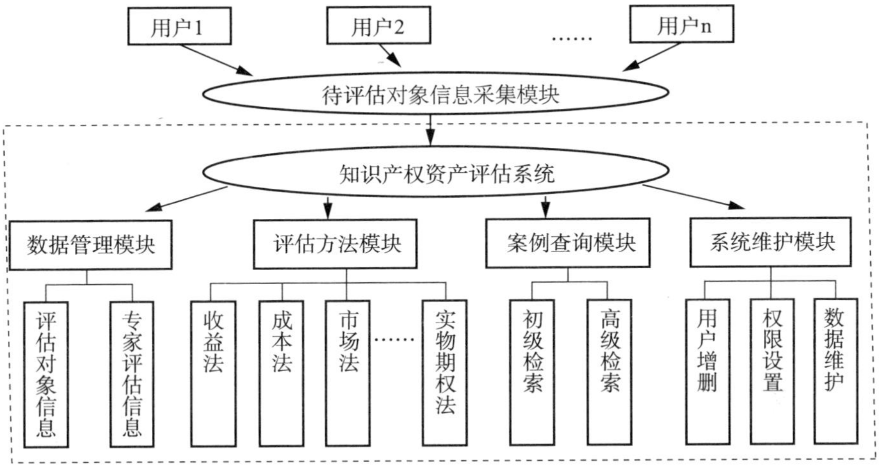

图 12－1 知识产权评估系统功能结构

数据管理模块主要用于对采集到的数据信息进行输入、修改、分析、存储和应用管理，包括待评估对象信息采集管理和专家评估指标数据采集管理。评估方法模块主要用于评估方法选择、评估过程自动测算和评估结果反馈等，包括收益法、成本法、市场法和实物期权法等评估子模块。根据评估对象类别和用户不同的评估需要，可以自由选择不同的评估方法子模块，分别进行独立测算与评估。案例查询模块主要用于对评估案例库进行检索、查询、展示和统计，实现对已完成评估的知识产权价值及其原始数据的查询和统计。检索工具包括初级检索和高级检索功能，初级检索主要通过对某单一条件进行检索，高级检索可以同时选取几个条件，实现并列组合查询。系统维护模块主要用于系统管理员对于评估用户的信息管理和系统功能调整等，包括用户增删、权限设置和数据维护。系统管理员可以审核用户身份，增加、删除或者编辑用户信息，分配用户名、用户密码和对使用系统的用户进行权限分配和管理，同时可以实现对系统功能的更改、调整，以及系统数据的修改、存储、备份和恢复。

知识产权评估系统可以实现对知识产权的自动化评估，不仅能提高知识产权评估的工作效率，使评估信息更加全面、准确和规范，而且可以兼顾知识产权所有者和评估系统使用者的利益，为知识产权的转让、许可使用、侵权赔偿和资产管理等，提供一种可行、简便的参考工具。

第十三章　委托人影响评估结果之探析

一、评估者的独立性要求

《资产评估执业准则——资产评估程序》中第二十三条要求：资产评估机构出具资产评估报告前，在不影响对评估结论进行独立判断的前提下，可以与委托人或者委托人同意的其他相关当事人就资产评估报告有关内容进行沟通。

这是一条合情合理的要求，维护的是委托人和评估师双方的共同利益，委托人有机会解释说明，评估师借此查漏补缺。然而，在现实评估实践中，这条程序性要求却给了部分委托人充分操作空间，借此机会向评估人员施加影响试图改变评估结果。殊不知，这些行为严重影响了评估人员执行评估任务时的独立性。这样的案例常常发生，如2016年，证监会依法对大智慧等4宗案件作出行政处罚，其中，北京中同华资产评估有限公司为大智慧开展资产评估业务过程中，违反多项执业准则。

2014年6月17日，大智慧子公司大智慧信息科技有限公司（以下简称大智慧信息科技）、中同华上海分所和天津民泰签订《资产评估业务约定书》。2014年6月19日，中同华出具中同华评报字（2014）第256号评估报告。评估报告的评估基准日为2013年12月31日，该日天津民泰账面净资产值11,833.81万元，评估价值55,728.00万元，评估增值43,894.19万元，增值率370.92%。中同华收取评估费6万元。

证监会经查明，认定上述评估过程中，存在以下违法事实：

“（一）以预先设定的价值作为评估结论。一是朱云在进场前了解到委托方的评估期望值为5.6亿元，并称5亿元还是可以试试。二是评估工作底稿中没有天津民泰应当提供的经营计划、发展规划、所在行业状况及发展前景等预测资料，也未对天津民泰的总经理进行访谈。三是应由被评估单位提供的用于盈利预测的基础资料‘S－6评估预测’，是评估师依据评估结果代客户倒编形成，其中多次出现‘被评估单位’字样。四是评估工作底稿中未记录关键预测数据的形成依据，如2014年至2018年各年开户数增长率、各年人均手续费收入等。五是天津民泰股权价值的评估结果55，728万元占委托方期望的评估值56，000万元的99.51%，中同华对此没有合理解释。中同华的该项行为不符合《资产评估职业道德准则——独立性》第六条和《资产评估准则——企业价值》第七条‘不得以预先设定的价值作为评估结论’的规定。

……

上述违法事实，有相关公告、决议、评估报告、协议、评估工作底稿、相关人员询问笔录、通讯记录等证据证明，足以认定。”

相比有形资产，知识产权具有无形性、专有性和高不确定性等特点，其评估过程更加复杂。对知识产权进行评估，不同方法形成的评估结果之间的差异，远远大于有形资产的情况。相关研究表明，知识产权评估的增值幅度与增值率都显著高于厂房设备等固定资产。因此，在知识产权评估业务中，委托人有更强干预评估结果的动机，这个问题值得深入探讨。为了分析委托方影响估值的问题，对开展评估工作的评估人员进行定性调查。调查问卷见附录。

二、委托方影响估值的因素

根据评估业务实践，为了控制由委托方影响带来的估值偏差，可以从委托方角度来研究委托方对估值产生的影响。首先，从委托方的基本特征入手：委托方的类型、委托方的经验、委托方的规模以及与委托方与评估师评估机构的关系。

（1）委托方的类型

委托方类型是指委托方可能是银行，如在抵押贷款中银行希望得到公平或者略低的评估结果，委托方还可能是资产代理方。

（2）委托方的经验

委托方经验是指委托方对此评估业务是否富有经验，富有经验的委托方善于用专家权利和信息控制权对评估业务进行影响，没有经验的委托方则更喜欢用奖励惩罚的权利来对评估师进行影响。经验丰富的委托方提出的意见更容易被评估师接受，进而导致评估师改变自己的最初的观点。对于评估师而言基本的职业道德素养使他们在面对委托方的奖励和惩罚时更能坚持自己最初的观点。经验不丰富的委托方在利用专家权利和信息不对称优势影响评估时，评估师不会轻易受影响进而改变自己最初对资产价值的估计。

（3）委托方的规模

规模较大的委托方，由于其评估业务量较大更容易受到评估师及评估机构的重视。评估机构及评估师为了笼络大客户可能会屈从于委托方意志，使评估结果偏离市场价值。

（4）委托方与评估师评估机构的关系

长期合作的委托方和评估师容易形成默契，而且对资产历史交易记录更清楚，良好的关系可能会使评估师更容易屈从于委托方意向。在委托代理关系中委托方也是更倾向于选择与自己关系良好的评估机构或评估师。

按照相关法规指导，评估师在评估作业中应当严格执行科学的评估程序，从而得到客观公正、准确可靠的评估价值。然而，现实中的评估师往往受到客观环境变化和主观心理活动的影响，自发或迫于压力地调整其对资产的估值。

在估值过程中，由于受到所处客观环境变化的影响，评估师在感受到委托方压力之前，会预感到潜在压力的存在。委托方的规模、影响力程度等客观条件会使评估师在提供评估报告之前，提前顾虑到委托方的期望的估值结果与现在结果的差距，差距过大，评估师会对是否调整估值做好准备。规模越大的委托方提出的估值要求更容易被满足，也证明了潜在压力的影响作用。

而致使评估师最终改变其估值结果的源泉，在于委托方压力对评估师主观动机的影响。委托方利用其对信息的掌握度及专业知识，对评估程序加以干涉。在这种情况下，评估师通常会参考现有信息，根据自身经验和对评估的认识，自主选择是否采纳委托方的估值建议。

对于委托方直接施与的业绩压力、报酬压力等，它们之所以会成为影响评估师估值的诱因，是因为评估师进行评估收入的很大一部分来自委托方的贿赂，评估师很容易对此屈服。也因此，委托方财务状况的好坏会影响其干扰评估结果的能力。评估师更倾向于受到财务状况好的委托方的压力影响。

另外，评估师本身所具有的专业素养、职业道德、风险判断能力等因素在评估过程中贯穿始终，评估师对于估值的调整都是基于这些因素，所以不同的委托方压力对评估师的影响力不同。

三、委托方影响估值的类型

从委托方对于估值的影响的方式来划分，委托方压力对评估师的影响类型可以从大体上分为直接和间接两种类型。

1. 间接影响

作为委托方，在估值过程中对于待评估资产的全部信息以及相关市场上的信息都已经充分掌握，所以具有了信息提供的主动性。他们出于对自身利益的考虑，为了获得自己预期的估值结果，很有可能会向评估师提供一些不真实、不可靠甚至完全不相关的信息，借此来影响评估师对估值结果最终值，这是委托方直接对评估进行影响。另外，拥有一定的资产评估专业知识的委托方会经常利用自己掌握的丰富经验来对评估师的估值方法、评估参数的选择提出自己的建议，甚至会利用专业知识与评估师就评估价值进行争论，试图让评估师把估值结果向自己预期的价值靠近，这就是委托方间接对评估师的评估决策进行影响。

2. **直接影响**

除了间接的影响，委托方还会给予评估师更为直接的压力，通过正面激励和负面刺激两种形式来影响估值。委托方施压的动机是为求得评估师的估值配合，评估结果越重要，委托方就会对评估师施加越大的压力，出于对实现自身与评估师的利益共赢的考虑，一部分委托方会利用一系列激励手段，如提供额外的业务量、支付更高的费用报酬等，来制造使评估师调整估值的诱因。还有一部分委托方会作出相反的行为，即利用对评估作业产生负面影响的因素来刺激评估师，强制其使评估结果配合自己的期望价格，委托方可能威胁评估师如果不给出他们想要的估值，就会寻找和雇佣其他评估师来达到他们的目的。

四、委托方影响估值的机制

在估值过程中偷工减料以降低成本，仅凭主观意愿、个人经验估值，根据委托人意图抬高或压低评估值结果，从中渔利的现象时有发生。此外，资产评估业务委托方因素也严重影响资产评估偏差，如为了达到不正当目的故意提供不真实的财务数据，高报资产或隐瞒亏损等，直接导致估值结果失真，严重影响估值准确性。

1. 委托方影响估值的方式

委托方对评估师施加影响的方式从他们自评估过程中获得权利角度来说明。在委托方施加影响的过程中他们可以获得专家权利、信息权利、奖励和惩罚权利、程序上的权利。

（1）专家权利

调查研究表明，经验丰富的委托方在自己熟悉的资产投资市场上具有专家权利，“术业有专攻”，委托方的专家权利对无证券从业资格的评估师的影响要明显些。相对而言有证券从业资格的评估师更觉得这样的影响不明显。委托方对评估师在评估中运用了哪种的专门技术比较了解，他们还会给出不同评估技术和方法的选择。例如，对于某个成熟技术领域的一项专利，市场上存在具备可比性的多项技术交易，但委托人不愿意使用市场法进行评估，他们会利用专业权利指出该项专利在诸多领域能够得到商业化应用，并要求采用收益法预测未来可能的现金流，从而显著提高评估值结果。委托人意识到了评估具有的主观性以及确定一项技术未来前景的难度。委托方自然不会放弃利用这些专业领域优势来影响评估师的估值判断。评估师提交估值的草稿报告时，经验丰富的委托方可以在该报告中准确识别估值结果的不确定性，这也体现了委托方所具有的专家权利。没有经验委托方在专家权利上没有优势，所以他们转而寻求其他的方式来影响估值，以保证自身利益不被破坏。

（2）信息权利

评估师和委托方各自掌握的信息程度对委托方影响估值有很明显作用。从表面看来作为资产的持有者，委托方对该资产的历史交易信息、资产本身的特征等信息能够充分了解。在资产信息方面占据主动的优势。而评估师依赖于委托方提供的信息，委托方可以依照自己期望结果决定提供给评估师哪些信息。委托方通过信息的控制权对评估师施加影响。在评估目的是为了对企业固定资产进行衡量时，获得大多数的委托方希望得到的资产价值是准确而现实的，他们会尽可能提供所有建筑和市场的信息，对于评估师来说一般是能够全面接触该企业或组织的与所评估资产相关的所有信息。但是抵押贷款中，委托方更想获得一个更高的估值结果，以便能获得更高的贷款额度，这时委托方更倾向于提供给评估师有利于提高估值结果的信息。基于信息不对称理论分析可以知道在估值过程中，委托方与评估师之间存在信息不对称现象。评估师对需要进行估值的资产信息的取得需要通过委托方、市场等渠道，其获取的是二手信息，而这些信息作为资产评估的依据，其真实与否会直接影响到评估结果的准确性，这使资产信息的可靠性变得尤为重要。由于委托方直接掌握着较为全面的资产信息，在信息的提供上拥有选择性，因此在该委托代理关系中，委托方处于一个比较有利的地位。评估师作为信息的接受方，不能完全保证所得信息的准确性，因而评估作业存在风险，处于劣势。委托方可以利用信息充分性的优势对评估师进行误导，从而达到影响估值的目的。作为委托方是市场活跃者，在大多数情况下能够掌握其投资组合内外的交易处理以及其他评估师不必要知晓的信息。所以一些委托方把以前的所有评估和买卖协议完全提供给评估师时，如果感到某些信息会使得估值发生不符合自己预期的价值时则不会提供这类信息给评估师。

委托方提供给评估师的特定信息，研究发现提供的信息量在不同的委托方之间的差别相当大，这取决于委托方对披露多少或者不提供多少信息的判断有关。为了得到符合自己预期价值的委托方，在提供这些信息给评估师时从行为经济学的角度，他们作为一个理性人会选择对己方有利的信息。

（3）奖励和惩罚权力

这一权力是基于评估师的经济人假设而推断出来的，而且在我国研究中的委托方都能够控制大量的资产组合，因此能够提供给评估师多年的大量组合信息，从而评估师就处于一种讨好委托方的处境。当所报告的结果低于委托方的可接受水平时，委托方会决定不为评估师的合同提供有益的建议。

委托方控制费用的支付、合同的签订、合同有效期等，可以使委托方更好地掌握奖励和惩罚权权利。其中虽然收费水平看起来不是一个关键问题，但是使评估师意识到了竞争性。基于一个理性人假设，评估师处在这样的竞争性的环境了，其自身利益不可能不被顾及。评估师为了维护自身利益，使估值结果发生偏移是有可能发生的。所以应该注意到委托方指出评估的质量和准确性是受到影响的，如果委托方坚持降低评估费用，从而迫使评估师花费更少的时间或者使用一个低级评估师来做大部分工作。响应者也指出会根据评估目的对之施加更多影响，特别是委托方涉及租赁谈判、为借款目的的评估和购买或销售一栋建筑。

在我国针对估值费用这个问题，已经开始直接影响到估值业务的两条基本原则：一个是独立性原则，即要求估值拜托业务委托方等其他当事人的影响，始终保持独立的第三者立场；另一个就是客观性原则，估值过程中人为因素的影响，要求评估师具有公正、实事求是的态度和方法。

我国在估值费用问题上出现“回扣”问题，回扣问题把委托方和评估师的利益紧紧联系在一起。使估值失去了独立性和客观性原则，对经济活动产生很大的副作用。在这种不利的利益机制下，回扣成为隐秘的游戏规则。评估机构为了得到委托业务，再收取了费用后退还给委托方或业务介绍人一定比例的费用。这样的规则已经严重影响到了估值结果的公允性。部分评估师受到这样的利益驱使。为了得到并可以长期合作的估值业务，屈从于委托方意志。所以对于委托方的这种奖励和惩罚的权利，要使评估师保持独立性。合同的签订和合同有效期的长短也可以被委托方用来奖励或惩罚评估师，为了招徕业务，出现回扣等现象，甚至于配合委托方实现委托方期望的结果。

（4）程序上的权力

委托方在程序上的权利可以体现在对评估师的选择、评估具体过程的选择。在委托代理关系中委托方占据优势他们可以选择自己更容易控制的估值程序。无论是内部评估师还是外部评估师，委托方利用程序上的权利都能更易于影响估值过程。例如，在评估师提交估值结果草稿的时候，委托方利用自己权利及时得知该结果是否符合自己预期，如果不符委托方会利用自己所拥有的其他权利来影响估值过程，对评估师施加压力，以使最终结果满足自己利益最大化。

2. **委托方影响估值的途径**

为了更好地规避委托方对估值施加影响，就要对委托方对估值结果施加影响的途径进行研究。

（1）评估市场的竞争性

如同以前的研究所指出的，因为市场经济下我国的评估市场具有竞争性，所以委托方才可能会影响估值。委托方正是借助这种竞争性是评估师及评估机构屈从于自己的意愿。具体一些措施，包括费用支付、估值方法选择等。当评估师希望得到理想的收益、长期合作的业务时就更倾向于服从委托方的期望。

（2）委托方与评估师的关系

委托方与他们的评估师尽量保持着良好的长期关系，而且看作为合伙关系。这一关系使委托方和评估师之间有了一种常规联系，这一联系为委托方向评估师表面其预期价值提供了渠道，这就会影响评估师对价值的最初界定。因为评估师知道委托方希望得到的估值结果，为了保持他们之间良好的关系，评估师会主动向委托方期望的估值结果靠近。

（3）评估师的选择和合同的内容

委托方对评估师的选择和合同条款的长度有完全的自主权，这通过两种方式影响评估报告的估值结果：在宏观水平上委托方可以选择一个他们认可的特定的评估师，该评估师一般使用的评估方法能得到委托方的认同。甚至评估师可以主动的满足委托方的需求。简单来说，委托方更倾向于选择一个容易控制、影响的评估师；在一个微观的水平上委托方会控制合同内容，所以评估师为了取悦委托方获得未来的业务合同，或者长期合作的合同而屈从于委托方意愿。当然也有委托方通过轮换评估师来控制评估过程。但仅有少数委托方在两年或三年会轮换其评估师，他们相信这一做法会改进市场感知度，减少评估师对历史价值的借鉴。

（4）评估过程

从明确评估业务事项到递交给委托方草稿都可以看作是评估过程的一部分，这其中都可以受到委托方的影响。接受业务的过程，没有规定说明委托方可以要求特定的评估方法和评估假设，以及处置成本和定义的市场周期。此时由委托方提供给评估师的信息的准确性也取决于委托方的判断力。提交报告草稿，递交给委托方草稿报告是一个常规做法，通过信息和专业为委托方的影响提供了一个渠道。草稿报告里的估值结果若是低于委托方的预期，委托方就会利用所有的权利以保证自己利益最大化不会受到影响。

（5）评估的主观性

评估不是简单的数学练习，涉及大量的主观判断。因为评估的主观性所以要定义一个准确价值具有一定的困难性。这个主观性使委托方在一个可接受的范围内（尽可能接近期望的估值结果）影响评估价值提供了渠道。由于不同的方法给出评估值也不同，评估环境越复杂则价值范围也越大，这进一步增加了这种机会。

对于委托方影响估值的方式和途径的研究，让我们对委托方影响估值有更深的了解。不是所有的委托方影响都会自动导致评估偏离市场价值。也不是所有的委托方影响不可避免。依赖于评估目的，对于委托方而言存在动机要使评估趋于市场价值或者趋于自己的预期价值。这个研究指出了委托方评估师之间的极端复杂性，委托方影响对评估有潜在的效果，避免委托方对估值的影响才能保证评估师进行估值的独立性，进而使评估师职业道德得到维护。

附录 1　知识产权评估实践的访谈提纲

您好！首先感谢您的支持。关于知识产权评估实践及评估规范方面的一些问题，想占用您宝贵的时间采访您一下，以了解知识产权评估现状，发现评估实践中可能存在的问题，为实施改善提供借鉴。

评估机构基本信息

机构名称			
机构地址			
注册资本		成立时间	
员工规模	人	业务规模	万元/年

第一部分：业务情况

1. 贵机构是否承接知识产权评估业务？

答：

2. 请介绍贵机构近三年（2015—2017 年）知识产权评估业务量发展总体趋势。

答：

3. 2017 年贵机构知识产权评估业务量占资产评估业务量的比重大约是多少？

答：

4. 根据不同知识产权类型，如商标、专利、著作权，贵机构评估业务量从高到低是如何排序的？

答：

第二部分：评估方法

5. 在贵机构知识产权评估业务中，评估方法使用频率最高的是哪种方法？

答：

6. 接5题，贵机构知识产权评估业务中该方法使用频率最高的原因是什么？

答：

7. 贵机构知识产权评估业务中，评估方法使用频率最低的是哪种方法？

答：

8. 接7题，贵机构知识产权评估业务中该方法使用频率最低的原因是什么？

答：

9. 贵机构在使用成本法评估知识产权时，您认为评估结果合理吗？

答：

9－1. 如果不合理，您认为是什么原因造成的？

答：

10. 市场法评估知识产权时，您认为评估结果合理吗？

答：

10－1. 如果不合理，您认为是什么原因？

答：

11. 收益法评估知识产权时，您认为评估结果合理吗？

答：

11－1. 如果不合理，您认为是什么原因造成的？

答：

12. 您认为在知识产权评估实践中，上述三种传统的评估方法是否能够满足业务需要？是否需要更适合知识产权评估的方法？

答：

13. 在目前知识产权评估实践中，您认为传统方法占据主流原因是什么？

答：

14. 除了传统三种方法，贵机构评估知识产权还使用过的其他哪些方法？

答：

14－1. 与传统方法相比，您在使用新方法的过程中有什么感受（过程是否便捷、信息获取的难易程度、评估结果可靠性、顾客对评估结果的接受程度等）？

答：

15. 您认为，推广运用新的评估方法会面临（或需要解决）哪些问题？

答：

第三部分：影响评估的主观因素

16. 在选择知识产权评估方法时，对您影响最大的因素是什么？

答：

17. 在进行知识产权评估过程中，委托方会不会进行干预？与其他类别资产评估比较，委托方干预程度如何？

答：

18. 委托方试图影响知识产权评估结果的途径有哪些？能否举个例子？

答：

19. 面对委托方施加的影响，是否发生过修改评估结果的情况？您修改结果的原因是什么？

答：

第四部分：评估工具与评估规范

20. 贵机构是否使用过辅助评估的工具（或软件）？使用过哪些工具？

答：

21. 贵机构通过（或者希望从）什么途径获得知识产权评估工具？

答：

22. 对于知识产权评估工具，您最关注哪些方面的因素？

答：

23. 对于知识产权评估工具，您最关注的功能是什么？

答：

24. 开展知识产权评估业务，您使用过哪些数据库？

答：

25. 您认为在开展知识产权评估业务过程中，知识产权评估规范发挥什么作用？

答：

26. 为了推动知识产权评估行业的发展，您对相关管理部门有什么建议？

答：

附录2　企业知识产权评估需求调查

填写说明：

1. 该问卷包括企业基本信息与调查问卷两部分；

2. 问卷中没有特别说明的，均为单选；

3. 本问卷是为了了解企业知识产权评估现状，发现企业在委托机构开展知识产权评估过程中存在的问题，并寻找可能的解决途径。您的回答将直接影响到我们进一步的研究。

感谢您的参与！

一、企业基本信息

企业名称			
企业地址			
注册资本		成立时间	
员工规模	人	业务规模	万元/年

二、问卷部分

1. 贵企业是否开展过知识产权评估（　　）

A. 开展过　　B. 准备开展　　C. 进行中　　D. 没有需求

2. 贵企业被评估的知识产权类别为（　　）（多选）

A. 专利　　B. 商标　　C. 著作权　　D. 其他

3. 贵企业知识产权评估的目的是（　　）

A. 作价入股　B. 资产转让　C. 企业并购

D. 质押担保　E. 债务重组

4. 知识产权评估报告中最终结果采用的评估方法是（　　）

A. 成本法　B. 市场法　C. 收益法

D. 其他方法　E. 两种以上加权

5. 贵企业认为，评估知识产权最合理的方法是（　　）

A. 成本法　B. 市场法　C. 收益法　D. 其他方法

6. 贵企业单项知识产权评估评估价值为（　　）

A. 100 万元以下　B. 100 万 ~ 1000 万元

C. 1000 万 ~ 5000 万元　D. 5000 万元以上

7. 除被评估知识产权本身外，您认为评估值与那些因素有关（　　）（多选）

A. 评估目的　B. 评估方法

C. 知识产权类别　D. 其他

8. 您认为，贵企业知识产权评估结果（　　）

A. 偏低很多　B. 有些偏低　C. 比较合理

D. 有些偏高　E. 偏高很多

9. 您认为，知识产权评估结果不合理，对贵企业产生的影响是（　　）（多选）

A. 知识产权作价入股时股份减少，损害权利人利益

B. 不利于企业对外融资，阻碍企业发展

C. 降低知识产权资产交易价格，权利人收益减少

D. 企业创新激励不足，降低企业创新积极性

E. 其他影响

10. 贵企业对知识产权评估结果是否满意（　　）

A. 满意　B. 不满意　C. 可以接受　D. 无所谓

11. 对评估结果不满意时，是否会与评估机构积极沟通（　　）

A. 会　　　　B. 不会

12. 与评估机构进行沟通时，为了达到调整评估结果目的，企业采取的方式有（　　）（多选）

A. 向评估机构提供更多证明材料，或修正前期信息资料

B. 利用企业所在领域的专业优势，向评估机构进行解释

C. 建议或要求评估机构改变评估方法或者修改评估参数

D. 利用与评估机构的长期合作关系努力争取

E. 采取强硬措施，如拒绝支付费用或另找他家

13. 与评估机构沟通或采取措施后，评估机构是否接受意见修改了结果（　　）

A. 接受意见并修改　　　　B. 接受意见但未修改

C. 不接受意见且未修改

14. 在开展知识产权评估过程中，贵企业希望增加的权利有（　　）（多选）

A. 向评估机构提出评估方法的要求或建议

B. 在多种方法得出的评估值中，选择确定评估结果

C. 要求采用评估准则之外的新方法，如模糊综合评价法、实物期权法等

D. 其他

15. 贵企业是否知晓资产评估准则的相关内容（　　）

A. 完全陌生　　B. 稍有了解　　C. 非常熟悉　　D. 没有兴趣

16. 对现行知识产权评估相关准则，贵企业有话要说：

____

____

再次感谢您的支持！

参考文献

[1] 尼克·伯特洛蒂．知识产权的评估方法［J］．中国资产评估，1997（1）：22－27.

[2] 郑成思．简论知识产权的评估［J］．中国社会科学院研究生院学报，1998（3）：41－49.

[3] 范晓波．论知识产权价值评估［J］．理论探索，2006（5）：32－35.

[4] 苏平．美国知识产权资产评估方法选择及其启示——以我国上市公司的知识产权资产评估为视角［J］．知识产权，2010，20（3）：87－94.

[5] 李萍．影响企业知识产权价值评估的法律因素探析［J］．法制与经济，2011（7）：32－33.

[6] 王智源．知识产权资产评估基本方法分析［J］．产权导刊，2012（6）：37－39.

[7] 白福萍，郭景先．知识产权评估背景因素与评估方法的选择［J］．财会月刊，2012（36）：60－62.

[8] 郑倩．知识产权价值评估方法解析［J］．对外经贸，2011（11）：85－87.

[9] 梁美健，周阳．知识产权评估方法探究［J］．电子知识产权，2015（10）：71－76.

[10] 傅璇．浅述知识产权价值评估的方法［J］．时代金融，2016（30）：250－251.

[11] 程妍妍．论知识产权的价值评估［J］．科技经济市场，2016（2）：187－187.

[12] 刘洋，邓仪友．2016年中国知识产权发展状况评价报告［R］．北京：国家知识产权局知识产权发展研究中心，2017.

[13] 李占彪，韩春丽．中国本土资产评估行业发展状况分析——基于对SWOT模型的有效性验证［J］．财会通讯，2013（18）：89－91.

[14] 岳公侠，邵荣华，王永贞，等．中国资产评估行业发展报告2015（上）［J］．中国资产评估，2017（1）：16－27.

[15] 岳公侠，邵荣华，王永贞，等．中国资产评估行业发展报告2015（下）［J］．中国资产评估，2017（2）：13－19.

[16] 董晓峰，李小英．对我国知识产权评估方法的调查分析［J］．经济问题探索，2005（5）：119－125.

[17] 于磊．技术型知识产权资产评估方法研究［D］．河北农业大学，2010.

[18] 于磊，刘宇迪．上市公司知识产权资产评估现状研究——基于资产评估报告书的实证分析［J］．中国资产评估，2010（6）：41－44.

[19] 苏平，胡海容．我国上市公司知识产权资产评估的困境与突破［J］．社会科学家，2011（2）：96－99.

[20] 戴琰琦．基于模糊层次的商标价值评估方法研究［J］．价值工程，2010，29（11）：1－3.

[21] 张露．基于AHP法和模糊综合评价法的商标价值评估［D］．河北大学，2014.

[22] 宋敏．商标权价值评估理论与方法研究［D］．首都经济贸易大学，2010.

[23] 邓雪，李家铭，曾浩健，等．层次分析法权重计算方法分析及其应用研究 [J]. 数学的实践与认识，2012，42 (7)：93 – 100.

[24] 陈红玉．专利技术价值评估中层次分析法的改进及实例研究 [D]. 重庆理工大学，2016.

[25] 戴琰琦．二项式期权定价模型的商标权价值评估方法 [J]. 科学技术与工程，2010，10 (26)：6591 – 6594.

[26] 郭子雪，齐美然，卢鑫．模糊环境下商标权评估的实物期权定价模型 [J]. 金融理论探索，2013 (4)：49 – 51.

[27] Reitzig，M. (2003). What determines patent value? Insights from the semiconductor industry. Research Policy，32：13 – 26.

[28] Schwartz，E. S. (2004). Patents and R&D as real options. Economics Notes，33：23 – 54.

[29] Amram，A. (2005). The challenge of valuing patents and early – stage technologies. Journal of Applied Corporation Finance，17：68 – 81.

[30] Sapsalis，E.，Potterie，B. P. (2007). The institutional sources of knowledge and the value of academic patents. Economic Innovation New Technology，16：139 – 157.

[31] Brockhoff，K. (2000). Problems of evaluating R&D projects as real options，in：M. Frenkel，U. Hommel，M. Rudolf (Eds.)，Risk management – challenge and opportunity，Berlin/Heidelberg/New York，2000：203 – 212.

[32] Huchzermeier，A.，Loch，C. (2001). Project management under risk：using the real options approach to evaluate flexibility in R&D，Management Science，47：85 – 91.

[33] Lint，O.，Pennings，E. (2001). An option approach to the new product development process：a case study at Philips electronics，R&D Management. 31：163 – 172.

[34] Santiago, L Bifano, T. (2005). Management of R&D projects under uncertainty: a multidimensional approach to managerial flexibility, IEEE Trans. Eng. Manage. 52: 269 – 280.

[35] Gil, N. (2007). On the value of project safeguards: embedding real options in complex products and systems, Research Policy, 36: 980 – 999.

[36] Oriani, R., Sobrero, M. (2008). Uncertainty and the market valuation of R&D within a real options logic. Journal of Strategic Management, 29: 343 – 361.

[37] Schneider, M., Tejeda, M., Dondi, G., Herzog, F, Keel, S, Geering, H. (2008). Making real options work for practitioners: a generic model for valuing R&D projects, R&D Management 38: 85 – 106.

[38] Waterloo Commercialization Office. To Patent or Not to Patent, http: //www. research. uwater – loo. ca/watco/uw_ researchers_ resources. asp.

[39] Kristi Stathis. World's Most Inventive Companies Are Ranked Based on Patent Quality, Not Quantity, 2010, http: //www. oceantomo. com.

[40] Triest, S. V., Vis, W. (2007). Valuing patents on cost – reducing technology: A case study. International Journal of Production Economics, 105: 282 – 292.

[41] Ernst H., Legler S., Lichtenthaler U. (2010). Determinants of patent value: Insights from a simulation analysis. Technological Forecasting and Social Change. 77: 1 – 19

[42] Lemley, M. A. (2001). Rational ignorance at the patent office. North – western University Law Review, 95 (4): 1497 – 532.

[43] Lemley, M. A, Shapiro, C. (2005). Probabilistic patents. Journal of Economic Perspectives, 19 (2): 75 – 98.

[44] Farrell, J., Shapiro, C. (2008). How strong are weak patents?

American Economic Review, 98 (4): 1347 - 1369.

[45] Encaoua, D., Lefouili, Y. (2009). Licensing "weak" patents. The Journal of Industrial Economics, Vol. L VII, No. 3: 492 - 525.

[46] Marco, A. C. (2005). The option value of patent litigation: theory and evidence, Review of Financial Economics, 14 (3 - 4): 323 - 351.

[47] Baecker P. N. (2007). Real options and intellectual property. Spring - Verlag Berin Heidelberg, Germany, 2007: 185 - 186.

[48] 于乃书，刘兆波，张屹山．专利权评估的两种方法探讨［J］．数量经济技术经济研究，1999，2：3 - 5.

[49] 范龙振，唐国兴．产品专利价值评价的期权定价方法［J］．研究与发展管理，1999，11（4）：6 - 9，18.

[50] 杨春鹏，伍海华．实物期权在专利权价值评估中的应用［J］．系统工程理论与实践，2002，6：101 - 104.

[51] 马忠明，易江．专利价值评估的实物期权方法［J］．价值工程，2004，1：36 - 39.

[52] 刘志刚，银路．专利价值评估的进一步探讨［J］．价值工程，2004，5：29 - 31.

[53] 刘军，龙韬．基于实物期权的专利权价值评估［J］．企业技术开发，2005，24（4）：31 - 33.

[54] 黄生权．基于实物期权理论的专利权价值评估方法研究［J］．科技进步与对策，2006，6：129 - 130.

[55] 马忠明，刘康泽．应用实物期权方法评估专利价值［J］．中南财经政法大学学报，2006，3：59 - 63.

[56] 陈华，万建平．实物期权在生物技术专利项目投资决策中的应用［J］．湖北经济学院学报，2007，4（8）：65 - 66.

[57] 马立成，何启志，何建敏，等．专利权价值的评估研究［J］.

统计与决策，2008，8：42－44.

［58］郑成思. 知识产权论（第三版）［M］. 法律出版社，2003.

［59］吴小林. 专利价值评估的相关法律问题［J］. 重庆科技学院学报，2006，3：23－26.

［60］靳晓东. 专利权价值评估方法与述评与比较［J］. 中国发明与专利，2011，9：70－72.

［61］Pindyck R. S.（1993）. Investments of uncertain cost，Journal of Financial Economics. 34：53 - 76.

［62］Longstaff F. A.，Schwartz E. S.（2001）. Valuing American options by simulation：a simple least－squares approach. The review of Financial Studies，14（1）：113－147.

［63］王少豪. 高风险公司评估的蒙特卡洛模拟［J］. 中国资产评估，2003（6）：18－20.

［64］戴晓凤，李检华. 高科技上市公司内在价值评估：基于连续型实物期权模型的实证研究［J］. 财经理论与实践，2009，30（1）：41－45.

［65］李波. 蒙特卡洛模拟在房地产抵押价值评估中的应用探析［J］. 现代商业，2010（18）：40－41.

［66］马俊海，张秀峰. 专利实物期权定价的蒙特卡罗模拟方法及其改进技术［J］. 财经论丛（浙江财经大学学报），2011，157（2）：53－60.

［67］葛翔宇，赵翼，周艳丽，等. 高新技术企业发展中的专利权价值问题——基于跳扩散实物期权定价的建模与模拟［J］. 系统管理学报，2015，24（3）：355－364.

［68］周艳丽，吴洋，葛翔宇. 一类高新技术企业专利权价值的实物期权评估方法——基于跳扩散过程和随机波动率的美式期权的建模与模拟［J］. 中国管理科学，2016，24（6）：19－28.

［69］杨志明，施超. 中国资产评估行业信息化建设现状分析及发展建

议［J］. 中国资产评估，2010（9）：16－20.

［70］毕健萍，王建中．资产评估机构信息化建设的调查分析［J］. 经营与管理，2010（4）：34－36.

［71］袁煌，潘宇．谈资产评估专家系统的构建［J］. 中国资产评估，2013（6）：17－21.

［72］陈伟斌，张文德．网络信息资源著作权资产评估系统的设计与实现［J］. 图书馆学研究，2015（24）：71－81.

［73］严绍兵．客户对评估师及评估结果的影响［J］. 中国资产评估，2001（4）：42－45.

［74］尉京红，赵黎明，贾芳芳．客户对资产评估质量影响的博弈行为分析［J］. 中国农业大学学报（社会科学版），2005（3）：34－38.

［75］秦璟．上市公司资产评估结果合理性研究［D］. 天津财经大学，2013.

后　记

2018年，创新改革在继续深化。知识产权评估是一个新兴领域，具有多学科交叉的特点，诸多问题亟须解决，创新在此大有可为。

企业知识产权评估，实质是对知识产权获利能力的评判。影响知识产权价值的因素包括其自身因素和环境因素，但更重要的是，价值的高低与其价值实现方式密切相关。评估创新关键在于创造性地发现知识产权价值实现的新路径。价值实现路径不同，评估方法也要相应调整。在知识产权评估中有针对性地引入更多高级方法，成为必要之举。

在社会主义市场经济背景下，企业是发展创新的主体。不断优化的知识产权制度环境，促进企业积极实施知识产权战略，激发企业知识产权评估需要，是知产评估行业蓬勃发展的土壤。知识产权评估工作需要兼顾公正与效率，一方面确保行业规范有序发展，另一方面满足市场现实需要。在不违背独立客观公正的原则下，给予企业更多的选择权，是进一步释放企业创新活力的可行之举。

本书是西南政法大学中国法治企业研究院的研究成果之一。在著书的过程中，得到了西南政法大学商学院领导的大力支持和资助，在此致以衷心的感谢！

刘璘琳

2018年8月